Helmut Krausser

Zur Wildnis
45 Kurze aus Berlin

Helmut Krausser

Zur Wildnis

45 Kurze aus Berlin

Verlag Klaus Wagenbach   Berlin

Die folgenden Texte erschienen, meist erheblich gekürzt, zwischen 2015 und 2018 als monatliche Kolumne in der *ZITTY*.
Drei erscheinen hier zum ersten Mal.

Wagenbachs Taschenbuch 814
Originalausgabe

© 2019 Verlag Klaus Wagenbach, Emser Straße 40/41, 10719 Berlin
www.wagenbach.de
Umschlaggestaltung Julie August unter Verwendung einer Fotografie © sodapix/F1online. Das Karnickel auf Seite 1 zeichnete Horst Rudolph. © Autorenfoto: Hagen Schnauss. Gesetzt von Sebastian Maiwind, Berlin, aus der Chapparel Pro und der Cooper. Vorsatzpapier von Gebr. Schabert Strullendorf. Gedruckt auf Schleipen bei Pustet, Regensburg. Printed in Germany. Alle Rechte vorbehalten

ISBN   978 3 8031 2814 0

Inhalt

Rudi

In der Neuköllner Eckkneipe Zur Wildnis, wo ich ein-, zweimal die Woche mit Freunden Backgammon spiele, finden oft Begegnungen, Gespräche und Diskussionen zwischen Menschen statt, die unterschiedlicher kaum sein könnten. Die Gründe hierfür liegen in sehr sozialen Bierpreisen und einer fast wohnzimmerhaften Atmosphäre. Zeit lässt sich hier gemütlich verdümpeln, und bei Manni, dem Wirt, kann man als Stammgast durchaus mal anschreiben lassen, ohne eine missbilligende Grimasse zu riskieren. Touristen verirren sich eher selten hierher, aber falls doch, werden sie so nachlässig bedient, dass sie bestimmt nicht wiederkommen. Das muss man so offen sagen: Touris kann der Manni nicht ab. Er findet das selbst irrational, weil er ja weiß, Kunden füttern die Kasse. Aber er könne Touris einfach nicht ab, sagt der Manni, »da bin ich ganz Frau.«

Manni ist keine Frau und gerne politisch inkorrekt, doch mag man das hier, und wenn man es nicht mag, traut man sich nicht zu maulen. Anhänger des politisch Korrekten gehen wahrscheinlich erst gar nicht in Kneipen wie die Wildnis, sie bekommen dort zu viele geschmacklose Äußerungen zu hören und müssen dauernd aufpassen, nicht unter ihrem Niveau zu lachen.

Zum Beispiel läuft im Fernseher gerade die Frauenfußballweltmeisterschaft. Ich mag Frauenfußball. Zumindest lehne ich ihn nicht von vornherein ab. Da bin ich im

Moment leider der Einzige. Frauenfußball zu dissen gehört in der Wildnis zum guten Ton, so wie kaum jemand hier zugeben würde, dass es trinkbares, schmackhaftes Bier ohne Alkohol gibt. Man trinkt es, aber man lobt es nicht ohne Not. Es gibt Elfmeter. Handelfmeter.

Manni verwickelt mich prompt in eine Diskussion. »Darf man sagen, dass eine Fußballspielerin den Ball mit den Brüsten gestoppt hat? Nee, das wär unschicklich. Aber wenn man sagt, sie habe den Ball mit der Brust gestoppt, und jemand fragt nach: Mit welcher? Was dann? Was sagst du als Literat dazu?«

Ich sage, dass gute Autoren fast nie präzisieren, wer was auch immer mit welcher Hand, mit welchem Fuß gemacht hat. Das läse sich wie eine pedantische Über-Information. Außer, wenn zum Beispiel jemand seinem Gegenüber die linke Hand reicht, weil die rechte in Gips liegt, und man diesen Umstand betonen will, aus welchen Gründen auch immer.

»Aha«, sagt Manni, denkt darüber nach, und ich atme auf. Es ist nicht ganz so einfach, sich auf das Spiel zu konzentrieren, wenn jeder zu allem seinen Senf gibt. Apropos: Früher gab's hier 24 Stunden lang lauwarme Materie mit Senf, womit der ärgste Hunger beschwichtigt werden konnte, aber die Wildnis ist ein dezidiertes Raucherlokal, deshalb, so sagen Justiz und Ordnungsamt, darf es nichts mehr zu essen geben.

»Scheiß zureglementierte Stadt«, sagt Rudi. »Nichtraucher. Sollte man töten.« Sagt Rudi. »Vegetarier. Sollte man alle töten.« Sagt Rudi. »Bartträger mit Kopfhörern auf Fahrrädern. Die müsste man langsam zu Tode foltern.«

Rudi, selten rasiert, circa vierzig, schwarze Lederjacke, gehört zu jenen Menschen, die beinahe alles scheiße finden. Die ständig grummeln und stänkern müssen.

Vor allem hasst er Touris, die glauben, man dürfe sich in Berlin nur mit einer Bierflasche in der Hand frei bewegen, so wie man einst in San Francisco eine Blume im Haar tragen musste. Und passiv-aggressive Rolltreppenlinkssteher, die ihre täglichen Trainingslager im Doof-Herumstehen zelebrieren, die blafft er schon mal an, so von unten, knurrend und kinskiesk. Er hat vor niemandem Angst, verbreitet aber welche. Rudi gehört zu den eher unangenehmen Insassen der Wildnis, aber er sagt immerhin graderaus, was er denkt, und wenn man ihn in Ruhe lässt, vielmehr, wenn man ihn reden lässt, ohne zu widersprechen, hat man selten etwas zu befürchten.

Heute gibt man Rudi sogar Recht, man murmelt Zustimmung. Radfahrer sind hier vielen verhasst, denn die klassische Klientel der Eckkneipe besteht aus Fußgängern und Autofahrern. Radfahrer, die jede Ampel ignorieren, die während der Fahrt mit Kopfhörern Musik hören, dabei auf den Straßen fahren, nicht auf den extra für sie erbauten Radwegen, für die sie sich offenbar zu fein sind, solche Leute, solche *dämlichen Arschlöcher* (würde Rudi sagen) sind Selbstmordkandidaten, da sind sich die meisten am Tresen einig. Radfahrer sind außerdem sportlich, und alles, was sportlich ist oder übernatürlich gesund, stößt in der Wildnis erstmal auf Misstrauen. Einer an der Theke googelt die Berliner Unfallstatistik.

»Erstaunlich«, kommentiert Rudi, »dass es nicht viel mehr von denen erwischt.« Er müsse gelegentlich mal sein Gewehr holen und jagen gehen. Sagt er und grinst. So ist er halt, der Rudi. Der tut nix. Nicht wirklich. Hat noch nie im Leben was getan. Glaub ich. Absolut sicher sein kann man natürlich nie. Nicht in Berlin. Nicht in der Wildnis.

Menschen mit besonderen Fähigkeiten

Meine persönliche Anekdote mit Radfahrern ist diese: Als ich 1989 am Jakob-Kaiser-Platz aus dem Flughafenbus stieg, fuhr mich beinahe ein Rennradler um, der keine Veranlassung sah, wegen des haltenden Busses abzubremsen. Er brüllte mir, *er – mir*, ein »Arschloch!« hinterher. Ich war fassungslos genug – doch dann rief eine stark bewarzte Dame vom Gehsteig aus: »Fahr ihn doch einfach um, wenn er so doof ist!«

Prompt ahnte ich: Hier muss irgendwas anders sein als anderswo. Aber ich will nichts übertreiben und Berlin auch nicht schlechtreden. Die Stadt ist für mich die tollste der Welt, sonst würde ich hier nicht leben. Hier gibt es mehr Durchgeknallte als sonstwo, ganz einfach deshalb, weil es in Berlin von *allem* mehr als sonstwo gibt. Und über Normalos kursieren naturgemäß weniger Geschichten.

Den neununddreißig Jahre (ich habe nachgefragt) alten Rudi muss man sich vorstellen wie Lars Eidinger mit sechzig, nur etwas dicker. Er ist arbeitslos und frustriert und hängt Tötungsfantasien nach, aber ich glaube, er markiert nur, um sich interessant zu machen. Ich finde, jemand müsste ihm einfach mal sagen, dass er Mundgeruch verströmt, schon würde vieles für ihn ganz anders laufen, auf allen Gebieten des Lebens. Doch wie alle anderen traue auch ich mich nicht, lade ihn stattdessen auf Buletten ein, das lindert seine Ausdünstungen deutlich.

Wegen des Status als Raucherkneipe gibt es in der *Wildnis* neuerdings nichts mehr zu essen. Aber kein Regelwerk ohne Schlupfloch. Das Ordnungsamt erlaubt den Gästen, Essen von zuhause mitzubringen und es sich vom Wirt aufwärmen zu lassen. Manni hat folglich eine Mikrowelle angeschafft, da kann man sich Mitgebrachtes aufwärmen lassen. Ein bisschen Mitgebrachtes hat Manni auch immer im Kühlschrank. Buletten, Bockwurst, Kartoffelsalat, solche Sachen.

Von Touris mal abgesehen, behandelt Manni alle seine Kunden gleich, egal ob sie eine Hautfarbe, eine Religion, ein Geschlecht oder eine politische Überzeugung besitzen oder gar vor sich hertragen wie zum Beispiel Müdervater, der gerade am Tresen Reden schwingt. Müdervater, ein Handelsvertreter für Kosmetika, heißt eigentlich Robert, aber Backgammon online spielt er unter dem Pseudonym »Tired Dad«, daher der Nick. Müdervater gehört zu den wenigen, die noch zugeben, früher mal FDP gewählt zu haben, als er noch besser verdient hat. Und jetzt, wo Lindner die Partei anführt, werde sie wieder nach oben kommen, denn Lindner sei smart und sehe knuffig aus. Im Endeffekt, sagt Müdervater, wählen die meisten ein Gesicht, kein Parteiprogramm. Natürlich dürfe das Gesicht nichts allzu Blödes von sich geben, das sei schon klar, aber der Physiognomie komme entscheidende Bedeutung zu. Hofreiter zum Beispiel, mit seiner fragwürdigen Frisur, dem bayrischen Akzent und dem ständigen Ichweißallesihrwisstnix-Tonfall, kostet die Grünen drei bis vier Prozent. Behauptet Müdervater. Und bestellt bei Manni eine Molle.

»Grünen-Wähler ticken aber anders als andere«, sagt nun Sushi, die selber der Linken nahesteht. »Die sind nicht so ästhetisch.«

Sushi ist Anfang dreißig und heißt tatsächlich so. Sie wurde von ihrer Mutter nach deren Lieblingsband Siouxsie and the Banshees benannt, der Beamte hat das eingetragen, wie er es eben verstanden hat, und als die Mutter den Fehler bemerkte, ging sie sich beschweren, konnte oder wollte aber die fällige Bearbeitungsgebühr nicht aufbringen. Es gibt viel Schlimmeres, ja.

Während der Name Sushi eine grazile Frau vermuten lässt, ist sie tatsächlich moppelig und kleidet sich in Joggingpink. Ihre langen schwarzen Haare schimmern wie Seide, schwingen wie ein schwerer Vorhang, und ihr Nagellack ist von hippem Dunkelgrau. Sie ist eine taffe, kurvige Frau und wird von vielen hier begehrt. »Wenn ich ehrlich bin, wähl ich die Linke, weil ich Gysis Stimme immer sexy fand. Aber der ist doch echt nicht hübsch, oder?«

»Nee, hübsch ist der nicht, aber er hat ein *angenehmes* Gesicht, so wie einer der Zwerge, bei denen Schneewittchen nie Angst haben muss, begrapscht zu werden. Niemand hat gesagt, dass Politiker hübsch sein müssen. Im Gegenteil, sie *dürfen* gar nicht hübsch sein oder gar *Schönlinge*, das lässt sie sehr leicht inkompetent erscheinen.«

»Und was war mit John. F. Kennedy? Der war doch ein Traummann!«

»Damals haben die Menschen noch nicht viel von Politik verstanden. Das waren die Sechziger. Das war noch *vor* der Ironie!«

In dem Moment mischte sich Manni ein, und er – ausgerechnet er – klärte Müdervater darüber auf, dass man in heutiger Zeit nicht mehr *Zwerg* sagen dürfe, das müsse *Kleinwüchsiger* heißen.

»Echt wahr?«

»Echt wahr. Du darfst Krüppel auch nicht mehr Behinderte nennen.«

»Weiß ich. Heißen Gehandicapte.«

»Nee, das ist auch von gestern. Die heißen jetzt *Menschen mit besonderen Fähigkeiten*.«

»Ach komm!«

»Echt wahr.«

»Wenn man nur lang genug wartet«, sagte da Sushi, »wird aus uns allen noch was.«

Joco

Mein Lieblingsgetränk ist Joco. Was das ist? Ein Viertel Schwarzer Johannisbeersaft, drei Viertel Cola light. Cola heavy geht natürlich auch, wenn man es noch etwas süßer mag. Schmeckt fruchtig, setzt nicht arg an, und der Saft nimmt das Vielzuviel an Kohlensäure raus. Seit Monaten versuche ich Manni dazu zu bringen, Joco auf die Getränkekarte zu setzen. Tut er nicht. Warum nicht?

»Weil es das nun mal nicht gibt!«

»Doch, weil ich es erfunden und benannt habe!«

»Ich kann nix anbieten, was es nicht gibt. Ich bin Wirt und kein Künstler wie du. Außerdem bist du nur *einer*. Wenn du mal mehr bist als einer, verhandeln wir neu.«

Für Manni ist das logisch. Wir haben uns schließlich darauf verständigt, dass ich ein Fläschchen Johannisbeersaft mitbringen und der kredenzten Cola jeweils einen Schuss hinzufügen darf. In der Eckkneipe sieht man über viele Marotten hinweg. Rumpel zum Beispiel bringt jeden Abend eine Flasche billiges Sternburg mit in die Wildnis und füllt – »heimlich« – sein leeres Glas auf. Er glaubt allen Ernstes, das würde keiner merken. Andere Wirte würden ihn an die Luft setzen, Manni niemals. Manni hat einen derben Humor, aber ein weiches Herz.

Was genau unterscheidet eigentlich eine Eckkneipe von einer Kneipe, die sich in der Mitte einer Straße befindet? Keine Ahnung. Bei Wikipedia hab ich auch nichts gefunden. Mit Eckkneipe ist ein Lokal gemeint, das vor allem von Anwohnern frequentiert wird, derlei Kaschemmen sterben langsam aus, aber hier in Neukölln gibt's noch genug.

Die Wildnis ist zwar leicht versifft, aber nicht zu eng, gewählt wird hier alles bis auf Nazis – und die Klientel entstammt nicht grundsätzlich dem Prekariat, iwo. Zwar wollen viele hier im Leben nichts anderes mehr erreichen als das Rentenalter, dafür gibt es andere, die mehr erreicht haben, als man vermuten würde.

Nehmen wir zum Beispiel Rolle. Anfang vierzig, pinkes Hemd, Hornbrille, Gel in den schwarz wallenden Haaren. Er würde nie im Leben, sagt er, auf arme Leute herabsehen, nur weil er oben gelandet ist. Arme Leute seien viel schlauer als reiche Leute. Denn Not mache erfinderisch. Das ist so ungefähr das einzige Thema, über das Rolle redet: wie er nach oben kam, ohne je abfällig nach unten gesehen zu haben. Manchmal nervt das gehörig.

Rolle sagt, dass er McDoof nicht doof findet, nur weil er Kohle hat und sich jetzt bessere Burger leisten kann. Er hat bei McDoof gerne gegessen, als er noch arm war. Und würde das manchmal noch heute tun.

»Weißt du«, sagt er, »ich mag Cheeseburger, vor allem, wenn die Stelle kommt mit dem Gurkenscheibchen, die schmeckt mir, und ich frage mich immer, wie die das hinkriegen, dass die Gurke immer gleich schmeckt, ich meine, kennste doch, du kaufst im Supermarkt ein Glas Gurken und: egal welche Marke, die sind nie immer gleich, nie, nie, nie. Ich hab dann mal gefragt, ob ich einen Cheeseburger haben kann mit Extragurke, aber nee, das machen die nicht. Ist eben Fast Food. Keine Individualität. Keine Bevorzugung, sagen die einen, kein Service, sage ich.«

Da kommt der kleine Ahmed, noch'n ganz junger türkischer Dachdeckerlehrling, und meint: »Soll ich dir mal sagen, wie du einen Doppelcheeseburger für 2,59 € mit Extragurke für sechzig Cent billiger haben kannst? Kaufste einen Hamburger und einen Cheeseburger für zusammen zwei Euro, tust das Fleisch vom Hamburger auf das Fleisch vom Cheeseburger und ne zweite Gurkenscheibe haste auch. Und noch'n leeres Zweitbrötchen, damit kannste, wennde sonst nix kannst, Tauben füttern.«

Rolle steht der Mund offen. »Sach ich doch«, sagt er, »arm macht erfinderisch. Hab ich Hochachtung vor. Aber wozu soll ich Scheiß-Tauben füttern?«

Rolle hat vor Jahren irgend so'n Internetportal gebaut, irgendwas mit Reisen und Preisvergleichen. Menschen mit zu viel Kohle und zu faul zum Klauen haben es ihm für zwei Millionen abgekauft, seitdem macht er einen auf Frührentner und gibt kluge Ratschläge, wenn er dreimal die Woche auf ein schnelles Bier vorbeikommt. Rolle ist der lebende Beweis, dass Intelligenz auf dem Weg zum Wohlstand keine Bedingung sein muss. Leben ist Chaos und das meiste darin Glückssache, man kann jedoch Entscheidungen treffen, die die notwendige Portion Glück deutlich reduzieren. Die die Würfel des Schicksals zähmen, um es mal aufgebläht zu sagen.

Ich spiele unter anderem Backgammon, weil es ein Abbild des Lebens ist, weil es einen lehrt, dass zu jedem Zeitpunkt praktisch alles möglich ist, auch wenn schon alles verloren oder gewonnen scheint.

»Spiel doch mal mit!«, rufe ich Rolle zu, aber ganz doof ist er nun auch wieder nicht.

Der Hund

Von Curry 36 kommend, laufe ich über den Mehringdamm zum Copyshop in der Gneisenaustraße.

In diesem Moment hüpft ein Hund, ein junger weißer Terrier, über den großen Platz, Reifen quietschen, der Hund weicht allen Händen aus, die ihn ergreifen wollen, den Autos aber nicht, die lässt er bremsen, dann läuft er in die Yorckstraße. Und ich denke, dort, in den Grünanlagen des Mittelstreifens, hat er eine ganz gute Überlebenschance. Ich sehe eine Obdachlose, die offensichtlich dem Hund hinterherhechelt.

»Ist das Ihrer?«, frage ich.

»Nee«, sagt sie, »ich versuch ihn bloß einzufangen. Aber der Hund wird immer panischer mit jedem, der ihn einzufangen versucht. Das ist bestimmt so ein rumänischer Hund, der die Großstadt nicht kennt. Es hat schon jemand die Polizei verständigt.«

Aha. Woran man wohl einen rumänischen Hund erkennt? Keine Ahnung.

Ich betrete den Souterrain-Copyshop. Muss ein wenig warten. Vor mir ist eine nicht mehr ganz junge Frau mit grellrot geschminktem Mund dabei, dem Angestellten ihr kompliziertes Anliegen zu erklären. Plötzlich tut es von der Straße her einen lauten dumpfen Knall.

Ich sage: »Oje. Das war bestimmt der Hund.«

Die Frau sieht mich mit Riesenaugen an und fragt: »Wie? Sie meinen, da ist eben ein Hund überfahren worden?«

»Das befürchte ich. Schauen Sie es sich lieber nicht an.«

Ich hab es gut mit ihr gemeint. Was macht die Frau? Rennt die Treppe hoch, stürzt auf die Straße und beginnt zu schreien. Sie ist völlig fertig. Ich will mir so was nicht ansehen.

Der Angestellte vom Copyshop nickt mir zu und sagt: »Dann ziehen wir Sie mal vor.«

Wenigstens ein positiver Aspekt. Die Frau indes brüllt herein: »Hat jemand ein Telefon?«

Wie? Sie hat keines? Interessant.

Ich sage, dass schon jemand die Polizei verständigt hat. Woher ich das wisse, will sie wissen. Von einer mir unbekannten Frau, antworte ich völlig wahrheitsgemäß, aber in ihren Ohren klingt es sicher wie *Ich habe geheime Infos von oben* ...

Darauf sie: »Sind Sie sich auch sicher?«

»Ziemlich sicher.« Was soll das alles? Die Frau rennt zurück auf die Straße. Draußen vor dem Fenster des Copyshops sehe ich den Fahrer, der den Hund wohl überfahren hat, es ist ein mit Tattoos und Muskelpaketen überhäufter, arabisch anmutender Glatzkopf, der sich einen beliebigen Passanten greift und ihn anschreit: »Ist das dein Hund?«

Der Mann, ich kann nicht erkennen, wie er aussieht, verneint. »Warum weinst du dann?«, brüllt der Glatzkopf. Er kann sich anscheinend nicht vorstellen, dass irgendjemand um etwas weinen könnte, das nicht zu seinem Besitz gehört hat.

»Der sucht den Hundebesitzer, wegen der Versicherung«, erklärt mir der Angestellte. »Wahrscheinlich hat sein Auto eine Delle abbekommen.«

Ich bleibe im Laden, will mir das immer noch nicht ansehen. Endlich Sirenen. Die Frau kommt herein und sagt unter Tränen: »Jetzt ist er gestorben, aber eben hat er noch gelebt. Wenn sofort ein Tierarzt gekommen wäre, hätte man ihn vielleicht retten können.«

Ich denke mir, dass zu seiner Rettung eher der Messias hätte kommen müssen, aber so was sagt man nicht laut und nicht in diesem Moment. Mein Druckauftrag ist fertig, ich gebe Trinkgeld und erkläre der aufgelösten Frau, die mich so arg misstrauisch ansieht, als ob ich für das alles verantwortlich wäre, als ob ich quasi den Auftrag zur Tötung des Hundes gegeben haben könnte, noch einmal ganz genau, was ich woher über den Hund wusste. Ein toter Rumäne, also ein Mensch, kein Hund, hätte vermutlich nicht so viel Aufsehen erregt.

Beim Verlassen des Copyshops sehe ich, wie zwei Polizisten auf der abgesperrten Straße ein Tuch über dem Kadaver ausbreiten, ich erhasche wider Willen einen letzten Blick auf diesen weißen Terrier, der vor zehn Minuten noch neben mir über eine vielbefahrene Kreuzung hopste. Er sieht aus, als hätte er keinen Knochen mehr im Körper, als wäre er ein Sack oder eher ein Schlauch aus Fleisch. Dabei ist nirgendwo Blut zu sehen. Ich sage dem türkischen Opa im Copyshop, dass er mit den beiden kleinen Kindern jetzt wieder die Straße betreten könne, es gebe dort nichts Schlimmes mehr zu sehen. Er winkt ab, freundlich, aber auch irgendwie in seiner Ehre gekränkt oder der seiner Kinder, die keine Feiglinge seien und so viel Rücksichtnahme nicht nötig hätten. Aber vielleicht beginnt hier die Transitzone von den harten Fakten hin zur Einbildung.

Ich fahre in die Wildnis und erzähle die Geschichte. Es ist erstaunlich, wie viele Menschen es interessiert, wie und wo ein Hund ums Leben gekommen ist, selbst wenn sie ihn persönlich nicht gekannt haben. Manni meint, ich sei ein Glückspilz, müsse das alles nur aufschreiben und hätte wieder eine Kolumne fertig. Und der Hund bekomme ein Denkmal. Alles paletti. Das stimmt, so gesehn.

Der Gitarrist

Gestern, gegen zehn Uhr abends, kam der Gitarrist.

Wir Backgammonspieler saßen ums Brett, ins Spiel vertieft, da legte er los, direkt neben uns schlug er heftige Akkorde aus seiner Klampfe und sang dazu. Das war sehr sonderbar. Drei Lieder lang sagte keiner was, dann fragte ich Manni, den Wirt: »Wer oder was ist das denn?«

Und Manni antwortet mir allen Ernstes: »Ich hab ein Herz für Künstler, musst du doch wissen.« Und grinst mich dazu an. Nach dem fünften der Lieder, die alle ziemlich ähnlich klingen, wende ich mich direkt an den Gitarrenkünstler: »Sag mal, wenn das noch lange dauert – könntest du bitte ins gegenüberliegende Eck umziehen, wir müssen hier schwere Denksportaufgaben bewältigen.«

Drauf er: »Nee.«

Ich: »Wie – nee? Ich hab dich doch nett gefragt.«

Er: »Da drüben is die Akustik viel scheißer als hier.«

Oh weh zwick, der Gitarrero trägt eine Art grellweißes Leichenhemd, ist Anfang zwanzig, und zu jedem zweiten Beat seiner sturen 4/4-Stückeln stampft er mit seinen Flip-Flops auf den Boden. Ich sehe mich um. Niemand schenkt ihm Beachtung, niemand klatscht, bis auf die zarte Lina am Tresen, aber die würde immer klatschen – aus Höflichkeit. Stampf. Stampf. Stampf. Wie kann ein Mensch, der keine Ahnung hat von der Wichtigkeit dynamischer Abstufungen innerhalb eines viel zu refrainlastigen Songs, wie kann der sich Gedanken über diverse

Akustiken in einer verrauchten Eckkneipe machen? Nein, natürlich will er nicht uns zuliebe mit seiner Kunstdarbietung fünf Meter weiter wandern, das ist der ganze Grund. Er würde sich gedemütigt und an den Katzentisch verbannt fühlen, statt sich einfach mal konstruktiv zu fragen, warum man ihn nicht in der Nähe haben will.

»Geht's denn wenigstens ein bisschen leiser?«, frage ich und bin kurz davor, ihm zu sagen, dass er genauso viel Talent wie Manieren besitzt – also keine Chance haben wird. Es wäre, im Grunde genommen, das Hilfreichste und Fürsorglichste, was irgendwer ihm sagen könnte, aber er würde der Offenbarung natürlich keinen Glauben schenken. Denn ein Künstler wie er darf an niemanden glauben als an sich selbst, das hat er aus Filmen gelernt. Das lässt er uns jetzt auch vorsorglich wissen. Die letzten drei Liedchen singt und klampft er umso lauter, richtig trotzig und rotzig und brüllt dazwischen in den Dunst: »Ich lass mich nicht verbiegen, nein, ich lass mich nicht verbiegen!« Oje.

Bald, vermutlich schon sehr bald wird er an jemanden geraten, der ihm eine aufs Maul haut, dann gibt sich das. Und ich muss ganz ehrlich gestehen, dass ich denjenigen für seine Gewalttätigkeit rügen und streng verurteilen, ihm dann aber – inoffiziell – ein Bier ausgeben würde.

Ich habe, um gängigen Vorurteilen mal entgegenzutreten, in der Wildnis nie irgendeine Schlägerei miterlebt, noch wurde mir von welchen erzählt, ausgenommen vielleicht die kleinen Raufereien zwischen Sonja und Gabi. Sonja liebt Gabi nämlich sehr, geht aber öfters mal in die Wildnis, um mit einem Mann zu flirten, zum Zweck der Eifersuchtserzeugung. Sie sucht sich dafür einen *Mann* aus, damit ganz klar ist, dass es sich nur um ein Spielchen handelt. Aber Gabi, die ungefähr eine Stunde später hereinstürmt und sofort handgreiflich wird, tut so, als hätte sie Sonja soeben in flagranti beim Vögeln erwischt. Die Versöhnung dauert dann etwa drei Stunden, und gegen Mitternacht wanken die beiden glücklich ins Freie. Der Mann aber, der das Opfer von Sonjas beziehungsbelebender Maßnahme gewesen ist, sitzt vermutlich schon längst frustriert zuhause. Dabei hätte er sich nur an Lina halten und höflich und spendabel sein müssen, die wäre vielleicht mitgegangen, sie ist bei Weitem nicht so wählerisch, wie man es von so einer zierlichen und recht hübschen Frau annehmen würde. Sonja oder Lina. Seine Chancen lagen bei fifty-fifty. Jemand hat mir mal gesagt, dass Kneipen im Grunde Bibliotheken gleichen, man müsse die Menschen darin wie Bücher betrachten, mit Respekt, und man dürfe sich aufgrund von mäßig gestalteten Covern kein Urteil erlauben. Die meisten bieten, wenn man in ihnen blättert, ein paar interessante Short Stories, manchmal ist auch eine Novelle und nicht selten gar ein Roman dabei. Der müsse nicht unbedingt gut oder glanzvoll geschrieben sein. Das könne dann ja ein anderer tun.

Die Vision

Zurzeit gibt es in der Wildnis einige besorgte Bürger, die nicht in die rechte Ecke gestellt werden wollen und laut darüber lamentieren, dass die Meinungsfreiheit hierzulande mit Füßen getreten wird. Die Rede ist von der Gutmenschenfolklore eines zweiten Sommermärchens, mit der gewisse Deutsche sich gleichzeitig für den Holocaust und ihre Großväter entschuldigten, sich eigentlich aber von der Welt feiern lassen wollten und dabei jeden Sinn für die Realität verlören. Die Presse sei, das wisse jeder, der mit ihr zu tun bekomme, gleichgeschaltet, und jeder, der von der verordneten linksliberalen »Refugees welcome«-Haltung abweiche, werde als doof und faschistoid diffamiert. Dabei träten die Probleme mit der Flüchtlingsunterbringung immer deutlicher zutage, und nur weil der November so außergewöhnlich mild temperiert gewesen sei, habe es noch keine Toten auf den Straßen zu beklagen gegeben. Die Presse gehe von der neutralen Berichterstattung immer häufiger dazu über, ihren Lesern mehr oder weniger subtil vorzuschreiben, wie man sich korrekt zu verhalten habe. Die doktrinären Kampagnen gegen unbescholtene, besorgte Bürger würden zu einer starken rechten Partei führen, und das Erstarken dieser Partei werde das politische Klima in Deutschland nachhaltig vergiften. Hass werde geschürt zwischen den Lagern, Hass, der in eine Art Bürgerkrieg münden könne, da ein vernünftiger argumentativer Austausch nicht länger stattfinde und an dessen Stelle alsbald Gewaltaktionen treten würden. All jenes Geld, das den Flüchtlingen zugutekomme, werde selbstverständlich zuallererst der Kultur abgespart werden, und dieses Deutschland, das völlig zu Recht das beliebteste Land der Erde sei, auf das man guten Gewissens stolz sein könne, werde im Namen falsch verstandener Menschlichkeit auf lange Sicht genau das abschaffen, was es so bewundernswert und vorbildhaft gemacht habe. Die muslimische Minderheit werde sehr schnell einen politischen Dachverband gründen und sich rasant auch durch die deutsche Möse in Richtung Mehrheit vögeln, bis sie letztlich die Macht übernehmen werde, wonach Vierfrauen-Ehe, Scharia und die Inbrandsetzung der christlichen Gotteshäuser absehbar seien. Dann (denn man denkt in *big pictures*) werde es eine groß angelegte, aus dem Geist der Verzweiflung geborene Gegenbewegung nordischer Länder unter der Führung von (wahrscheinlich) Dänemark geben, die, leider leider, echt faschistisch sein werde, aber eben faschistisch sein müsse, denn faschistisch sei ja, leider leider, effektiv, das wisse jeder, über dieses Thema gebe es sogar eine hierzulande lange verbotene *Raumschiff Enterprise*-Folge. Am Ende all dieser Umwälzungen stehe Europa ein großer Krieg bevor, mit derber Verwüstung und ungewissem Ausgang. Es könne nicht schaden, sich eine Datsche auf dem Land, Lebensmittelvorräte und Waffen zu besorgen.

Die Vision, die diese Leute umtreibt, endet in einem apokalyptischen, *Mad Max*-ähnlichen Szenario. Manche von denen, die vorher nicht etwa NPD, sondern links, halblinks und mittig gewählt haben, setzen sich zu mir und wollen wissen, was ich denn so darüber denke.

»Du bist doch Künstler! Du kannst doch kaum noch davon leben, erzählst du immer!«

Ich kann, trotz der Krise im Buchhandel und mit halbiertem Gehalt, immer noch einigermaßen davon leben und würde den Leutchen gern antworten, dass sie definitiv zu viele *Walking Dead*-Folgen geguckt haben, dass ich der Polygamie noch nie grundnegativ gegenübergestanden bin. Und dass der Islam auch einige Alkoholprobleme in meinem Umfeld lösen könne. Nein, als typischer Nurumsichselbstbesorgter sage ich wieder mal gar nichts, denn ich will in der Wildnis keinen Ärger bekommen. Manche dieser Umunsallebesorgten klingen aber grade so, als ob sie sich ein bisschen Chaos sogar herbeiwünschen würden, um die eigene banale Existenz ein wenig aufzubrezeln. Oder um der Innensau mal ungestraft Ausgang zu geben. Die Art, wie manche in der Eckkneipe ticken, mag vielleicht nicht repräsentativ sein für das Gesamtbild des Landes, doch macht es schon nachdenklich, wie sehr das hier Aufgeschnappte abweicht von dem, was die Umfragen so behaupten. Es scheint, als ob öffentlich bei der Befragung in der Fußgängerzone etwas ganz anderes geäußert wird, als an der Theke nach zwei, drei Bierchen. Ist ja im Grunde klar und nachvollziehbar. Die Gesellschaft ist in den letzten dreißig Jahren durchweg nach links gewandert. Für viele zu schnell und zu weit. Dass auf eine so einseitige und in Teilen wohl manchmal auch übertriebene Entwicklung ein gesellschaftlicher Rollback folgt, folgen muss, kann niemanden überraschen. Ein knappes Drittel der Menschen in diesem Land tickt stramm rechts. Hinzu kommt, dass auch große Teile der bürgerlichen Mitte und der Konservativen sich inzwischen von den Auswüchsen der Political Correctness gegängelt fühlen und sich aus reinem Protest rechter geben, als sie eigentlich sind.

Wo die Mitte verloren geht, bildet sich ein Graben. Bald, fürchte ich, wird auf den Straßen all das laut krakeelt werden, was bisher nur die rechten Hasstrolle im Netz, im Schutz des Pseudonyms und der Anonymität, zu äußern wagen. Die Dinge werden sich hochschaukeln, aber dann auch wieder beruhigen. Warum? Ganz einfach, weil eine deutliche Mehrheit in diesem alles in allem hervorragend funktionierenden Land ziemlich vernünftig und pragmatisch denkt und weiß, dass wir alle, die Besitzer der Wahrheit und die verdammten Andersdenkenden irgendwie miteinander auskommen müssen, wenn wir keine Diktatur wollen. Vielleicht sollte sich diese Mitte nur mal ein sexyeres Etikett zulegen, damit sie auf die Jugend attraktiver wirkt. Die *extreme Mitte* oder so.

Olga

Im *Kaiser's*, nahe der Kasse. Der jungen Frau neben mir entgleitet die Bierflasche, die sie aus dem Kühlregal holen will. Sie zerschellt einen Meter neben mir. Ich stoße hörbar Luft durch die Nase aus. Die Frau, Trenchcoat, Stiefeletten, brünett, glotzt mich an und fragt: »Haben Sie sich gerade *erregt*?«

Sie sagt es, als würde sie sagen: Haben Sie gerade an Ihrem Ding gespielt?

»Wie meinen Sie'n das?«, frage ich zurück.

»Na, Sie haben so völlig *entnervt* geguckt!«

»Naja, darf ich denn nicht? Ich hab mich erschrocken, und Bierspritzer sind auf meiner Hose.« »Ooooch«, sagt sie nun und noch mal »ooooooch«, streckt mir die Zunge raus – und ich denke, hat die sie nicht mehr alle?

Ich bin wütend, aber die Wut weicht schnell dem Gefühl der Trauer.

Ja, ich geb es ungern zu, aber es ist tatsächlich ein Gefühl der Trauer darüber, dass heutzutage so viele Menschen derart mies drauf sind und lieber einen Krieg beginnen, statt einfach mal »Tschuldigung« zu sagen. Ob es von der zu libertären Erziehung kommt? Vom Konkurrenzkampf in den großen Städten, in denen jeder unbedingt irgendwas darstellen muss und bloß nicht klein beigeben darf? Oder ganz simpel vom Alkoholpegel? Wahrscheinlich gibt es noch viele andere Ursachen, und ich hab weder Zeit noch Lust, in der Sache Nachforschungen zu betreiben, aber ich will auch nicht ständig frustriert werden, weil solche Arschlochtypen immer ungestraft davonkommen. Es sei denn, sie würden einmal an Rudi geraten. Rudi hätte in aller Seelenruhe ein neues Bier aus dem Kühlregal genommen und es der Frau über den Kopf geschüttet. Behauptet er jetzt, wo ich in der Wildnis sitze und die Geschichte erzähle. Ich glaube, er behauptet es bloß. Ich hoff es jedenfalls.

Mir liegt viel daran, durchs Leben zu gehen, ohne jemanden ernsthaft und mit Vorsatz zu verletzen. Aber wenn das Gefühl der Rachsucht immer und überall dem der Ohnmacht weicht, ist das auch nicht gesund.

Das Tolle an der virtuellen Welt ist ja, dass man ohne Konsequenzen der sein kann, den man sich in der realen Welt verbietet oder nicht zutraut. Und ein Kapitel meiner virtuellen Welt heißt Olga. Zum Glück sitzt sie heute am Tresen. Olga – eine ukrainische Hexe mit basketballgroßen Brüsten und kupferroten Locken – ist die Lösung. »Olga«, rufe ich, »hast du dein Püppi dabei?«

»Immerrr hab ich mein Püppi dabei!« Olga holt das Püppi hervor. Und Nadeln. Wofür gibt es das Reich der Rachefantasie?

»Wen soll ich steeechen für dich?«, fragt sie, wischt ihre Finger am weiten Rock ab und freut sich diebisch über den neuen Auftrag.

»Name unbekannt«, sage ich, »Frau, Mitte dreißig, Frisur wie Christiane Paul, brünett, Trenchcoat, rotes Halstuch, weiße Stiefeletten, dunkle Stimme.«

»Wird erledigt!«, ruft Olga, konzentriert sich, murmelt etwas Slawisch-Verschwörerisches und treibt die Nadeln in die Puppe.

Ich glaube natürlich nicht an Voodoo, bin ein aufgeklärter, rationaler Mensch ohne Hang zu Mystik, Esoterik und Telekinese. Aber so völlig restlos sicher kann man sich ja doch nie sein, oder? Außerdem steck ich Olga gern einen Zehner zu, ich bin dann ihr Kunde, und sie sagt, wer einmal ihr Kunde war, der sei ihr heilig. Aufträge, die eigenen ehemaligen Kunden gelten würden, könne sie niemals annehmen, sonst verliere sie ihre Zauberkraft.

In der Wildnis ist es besser, so viele Allianzen wie möglich zu schließen. Olga räuspert sich auf eine Art, die Gänsehaut verursacht. »Wie willst du sie haben, Meister?«

»Wie meinst du das, Olga?«

»Na, soll sie totgehen oder nur vorrr Schmerrrzen schrrreien?« Olgas Stimme kann so schön slawisch-grausam klingen.

»Nee, lass es mal mit ein bisschen Seitenstechen gut sein, alles andere wäre voll unverhältnismäßig.« Olga sieht mich mitleidig an, fast erbost, auf jeden Fall irritiert. »Mensch, das hättest du sofort sagen müssen, dafür ist's nun echt zu spät!«

Gecko

Ich weiß nicht, warum Gecko heißt, wie sie heißt, denn eigentlich heißt sie Ursula, aber das erzählt sie einem erst nach dem dritten Bier, sofern man es ihr bezahlt. Gecko (dreißig, füllig, Dreadlocks bis zum Arsch, Sandalen) ist die meiste Zeit über recht nett und verträglich, außer wenn sie sich berufen fühlt, ihre Mitmenschen zu korrigieren. Kommt inner Kneipe ja ohnehin nie sonderlich gut. So redete Rolle vorhin davon, dass er seiner Ex-Frau künftig weniger Unterhalt zahlen müsse, weil er ihr nachgewiesen habe, mit einem neuen Mann zusammenzuleben. Irgend so was. Und Rolle röhrt, mit seiner schwer erträglichen Triumph-Lache, das sei ihm ein innerer Reichsparteitag gewesen.

Kommt Gecko angesprungen und röhrt dagegen, so was sage man nicht.

»Wieso'n nicht?«

»Mann, das ist Nazi-Sprech, wie Endlösung und lebensunwertes Leben. Nie mehr verwendbar!«

Rolle, der nun bestimmt nicht sehr sympathisch ist, aber meilenweit vom Nazi entfernt, überlegt und sagt: »Aber innerer Reichsparteitag ist so anschaulich. Außerdem: Es *gibt* lebensunwertes Leben. Definitiv. Fußpilz zum Beispiel.«

»Das haben *wir* nicht zu bestimmen«, entgegnet Gecko mit immer schrillerer Stimme.

»Nee, haste recht«, sagt Rolle, »*wir* nicht. *Ich* aber schon.«

»Da muss ich ihm zustimmen«, mischt sich nun Manni ein. »Der Wirt allein«, er deutet auf sich, »entscheidet, welcher Parasit bei ihm leben darf oder sterben muss.«

Da bahnt sich was an. Ich genieße es, wenn aus nichtigsten Anlässen ein passionierter Disput entsteht. Und Gecko, die überdies Veganerin, Schwerstkatholikin und Helmradfahrerin ist und einen Tag lang ehrenamtliche Flüchtlingshelferin war (danach sehr müde), dreht auf: »Wenn du glaubst, Fußpilz ist in irgendeiner Weise niedrigeres Leben als ein Wal oder eine Krähe, dann hast du *nichts* kapiert. Es ist einfach *anderes* Leben. Und nicht lebensunwert!«

»Aber Rolle darf es töten, oder muss er den Fußpilz lebenslang mit sich rumschleppen?«

»Diese Entscheidung, lieber Manni, macht er mit sich aus. Und am Ende wird woanders entschieden. Weit oben. *Ganz* weit oben.« Gecko hebt den Zeigefinger Richtung Decke oder Gott.

Rolle weiß nicht so recht weiter und wendet sich an mich. »Sachma, Dichter, ›innerer Reichsparteitag‹, ist das okay oder nicht? Ich meine, bei den Nazis war ja nicht alles schlecht. Autobahn und Fanta heißen ja auch noch Autobahn und Fanta.«

»Rolle«, sage ich, »das Wort hat zwar eine gewisse klangliche Wucht, das geb ich zu, aber anrüchig ist es doch. Ersetz es einfach durch ›innerer Vorbeimarsch‹, das geht. Wenigstens momentan noch. Und lad deine Ex mal wieder zum Essen ein.«

»Was geht'n dich meine Ex an?«

So ist Rolle. Humorlos und schwer zu ertragen, aber heute hat er mich dazu gebracht, darüber nachzudenken, dass es bei fragwürdigem Vokabular immer und vor allem anderen auf die Absicht dahinter ankommt. Und man im Zweifelsfall milder in der Beurteilung sein sollte. Neulich musste ich in meiner ersten Opernpartitur mit der Hand herumkorrigieren, weil eine Rolle darin der »farbige Gentleman« heißt. Mittlerweile wird dem Wort »farbig« ein imperialistischer Ruch nachgesagt. Hm. Dabei sind ja nun die allerwenigsten Menschen auf Erden wirklich »schwarz«. Eine bunte Gesellschaft ist hingegen erwünscht. Ja, was denn nun? Neuerdings wird behauptet, man dürfe das Wort »Gutmensch« nicht mehr benutzen, nur weil es ein paar Dumpfbacken als Kampfvokabel im Mund führen, wobei sie es regelmäßig grundfalsch verwenden. Für mich war es immer ein sehr brauchbares Wort, folgendermaßen definiert: Ein Gutmensch war jemand, der sein Gutsein vor sich hertrug, aber im Grunde nicht wirklich altruistisch war. Der tagtäglich im Schaumbad des eigenen guten Gewissens badend mit seiner zur Schau gestellten ethischen Erhabenheit allen auf die Nerven ging. Wenn also Gutmensch nun, aufgrund welcher Beschränktheit auch immer, seine ursprüngliche Bedeutung verloren hat und wohl oder übel nicht mehr verwendet werden kann und darf, wie, das frage ich mich gerade, drückt man von jetzt an diese Mischung aus bigottem Überengagement und moralinsaurer Pedanterie adäquat aus? »Bessermensch«? Oder vielleicht ... »Gecko«? Kann keine finale Lösung sein.

Das fünfundzwanzigste Krokodil

Neulich, als in der Wildnis nicht viel los war, fragte mich der türkische Dachdeckerlehrling Ahmed rundheraus:

»Du, ich hab keine Lust auf Arbeit, erzähl mal, wie geht das mit der Kunst?«

»Naja, du denkst dir was aus, machst Portionen draus und stellst dich auf den Marktplatz. Dann sagst du jedem, dass das ganz tolle Kunst ist, zu einem sehr vernünftigen Preis.«

»Und dann?«

»Dann kommen die ersten Dummköpfe und kaufen dir das ab.«

»Und dann?«

»Dann kommen die Dummköpfe zurück und verprügeln dich, weil es ihnen nicht gut genug war.«

»Und dann?«

»Dann musst du wohl besser werden.«

»Und wenn nicht?«

»Musst du arbeiten.«

»Aber wenn ich besser werde?«

»Kommt Lob. Und du wirst süchtig.«

»Und dann?«

»Wirst du besser und besser.«

»Und dann?«

»Bist du tot.«

»Das ist alles?«

»Mehr oder weniger.«

Ahmed denkt nach. »Weißt du«, sagt er, »ich hab neulich gelesen, dass in keiner Berufsgruppe die Selbstmordquote so hoch ist wie bei Künstlern.«

»Ahmed«, antworte ich in unbeabsichtigt väterlichem Tonfall, »mach dir bitte keine Sorgen. Die Quote mag hoch sein, aber sie wird *nie* hoch genug sein. Die Welt leidet unter einer Unzahl schrecklicher Künstler, und ein ehrenwerter Dachdecker ist wertvoller als zehn von denen.«

Ahmed grinst. »Du willst keine Konkurrenz haben, was?«

Er hat etwas Anklopfendes in der Stimme, das mich warnt, das mich aufhorchen lässt. Und tatsächlich geschieht genau das, was ich nur am Rand in Erwägung gezogen habe. Ahmed kommt näher und fragt:

»Du, ich hab was geschrieben. Liest du dir das mal durch?«

Ach du gelbe Zähne. Was antwortet man darauf? Am besten sagt man einfach nein und riskiert, für ein arrogantes Arschloch gehalten zu werden.

»Du, Ahmed, ich lese prinzipiell keine Sachen von Anfängern. Hat keinen Sinn. Hätte nur Sinn, wenn ich dir ehrlich meine Meinung dazu sage. Und höchstwahrscheinlich wird meine Meinung dich runterziehen. Dann hasst du mich. Aber wozu soll ich das riskieren? Hör mal: Wenn du ein Künstler *wärst*, würdest du einfach ein Künstler *werden*, egal, was dir wer immer dazu sagt. Und wenn du kein Künstler bist, wirst du auch nie einer werden, egal, was *ich* dir sage. Und weißt du noch was? Du kannst schlecht sein, oder abgrundtief schlecht, völlig einerlei, denn jeder ist am Anfang abgrundtief schlecht. Was allein zählt, ist, was du daraus machst, wie du dich verbesserst. Das ist eine Sache von vielen Jahren. Nicht Wochen oder Monaten. Das Schlimmste und Schäbigste, was man einem Anfänger sagen kann, ist, er habe null Talent. Denn niemand kann das wissen. Talent ist schön und gut. Viel wichtiger ist der Wille dahinter, mehr aus sich zu machen.«

Ahmed sieht mich an, verständnislos und durchweg enttäuscht. Es bricht mir beinahe das Herz.

»Dann willst du echt keinen Blick darauf werfen?«

»Nein.«

»Du bist voll Scheiße!«, sagt er und geht von dannen.

»Hättest doch«, sagt Manni, der das Ganze mitgehört hat, »ruhig mal'n Blick drauf werfen können, da vergibste dir doch nix. Vielleicht taugt es ja sogar was!«

»Na klar, das stimmt. Kann sein. Aber stell dir mal vor, unser Ahmed hat tatsächlich Potential und bringt ein wirklich gutes Buch zustande. Und vielleicht sogar noch eins. Aber weißt du, Manni, was es bedeutet, Künstler zu sein?«

»Was denn?«

»Dass du dreißig, vierzig Jahre lang, bis ins Rentenalter, verdammt gut sein musst, damit du mit deiner Kunst durchkommst und von ihr leben kannst. Im anderen Fall wird es sehr, sehr frustrierend. Künstler zu werden ist eine harte und riskante Entscheidung, die muss jeder für sich treffen, ganz aus sich selber heraus. Und Künstler werden wollen, ausgerechnet in Berlin, das ist, wie wenn du als fünfundzwanzigstes Krokodil noch mit in die Badewanne willst. Und ich bin der Letzte, der einem jungen Burschen leichtfertig sagt, ja, versuch's ruhig, probier dich aus, mach einfach mal.«

»Okay, jetzt versteh ich's. Er wäre danach nie wieder ein glücklicher Dachdecker. Und du scheust Verantwortung.«

»Genau. Nein, Quatsch, in Wahrheit bin ich stinkfaul und kann Konkurrenz nicht leiden.«

Das Gespenst

Manchmal verirrt sich der Siegfried zu uns. Siegfried, den nur der Manni Sigi nennen darf, ist Mitte sechzig und sieht einem nie in die Augen, denn sein Blick ist seit einigen Monaten ans Display seines Smartphones gekoppelt. Ständig muss er was nachsehen. Wahrscheinlich wäre er bald das gebildetste Wesen auf diesem Planeten, wenn die Dinge, für die er sich interessiert, wirklich wissenswert wären. Manchmal kommt es vor, dass er noch mit uns redet, in sehr reduzierter Geschwindigkeit und näselnd hamburgischem Tonfall.

»Was macht eigentlich der Titsch? Hab ich mich gefragt.« Spricht Siegfried und starrt in sein Smartphone.

»Der – wer?«, fragt Manni.

»Der Titsch. Kennst du so viele namens Titsch?«

»Titsch? Titsch? Nee, da komm ich jetzt nicht drauf.«

»Der Titsch von der *Dave Dee, Dozy, Beaky, Mitsch and Titsch*-Band.« Siegfried lacht leicht irre. Seine Haut ist beinahe so weiß wie Papier, durchsetzt von feinen rosa Äderchen.

»Ach *die*! Mensch, Sigi, das war doch sechziger Jahre ...«

»Die hatten mehr Hits, als man denkt.«

»Kann sein«, sagt nun Sushi, »aber mit so'nem Namen hat man's auch echt schwer, in Erinnerung zu bleiben.«

»Die Erdkugel rollt über uns alle hinweg!«, stellt Siegfried dazu fest, in durchaus feierlichem Ton.

»Und was – «, fragt Manni, »interessiert dich jetzt ausgerechnet an diesem Titsch?«

»Mein ja nur. Guck ich auf Google. Auf Wikipedia mein
ich. Wikipedia sagt, Titsch lebt noch. Im Gegensatz zu
Dave Dee, der 2009 verstorben ist und Polizist war, bevor
er Musiker wurde. Das werd ich jetzt mein Lebtag wissen.
Irre, oder?«

»Aber mehr, als dass er noch lebt, weiß man nicht?«

»Laut Wikipedia – nein. Müsst ich tiefer googeln.
Schnorcheln gehen sozusagen.«

»Nee, Sigi, lass mal. Geh lieber auf Youtube und such
uns was von denen raus.«

»Wieso?«

»Naja, ich hab jetzt grad kein Lied im Kopf ... Sag mal
ein paar Titel ...«

Sigi sieht auf. Wir alle prallen zurück. Er sieht auf. Er
hat aufgesehen von seinem Smartphone. Wir sehen seit
vielen Monden seine Augen wieder, die kleinen, blass-
blauen, leicht geröteten Augen, die uns verständnislos
anstarren.

»Leude«, sagt er, »Leeuude, *Youtube* ist doch nicht *Wikipedia*!«

Wir warten darauf, dass er dieser kryptischen Botschaft
noch etwas hinzufügt. Während er sich auf die Lippen
beißt, als habe er aus Versehen zu viel verraten. Da kommt
nichts mehr. Über eine halbe Stunde nicht. Er senkt den
Blick und verknüpft ihn erneut mit dem Display.

Gerüchte besagen, dass Siegfried auf einem Boot lebt,
auf dem Landwehrkanal, auf einem verrosteten Kahn,
der seit Jahrzehnten nicht mehr fahrtüchtig ist und
nur noch vor Anker liegen darf. Sigi soll als ganz junger Mann RAF-Terroristen Unterschlupf gewährt haben,
damals noch nicht auf seinem Boot, sondern in einer

Zehlendorfer Villa. Er soll zwischendurch wohlhabend gewesen sein, ein erfolgreicher Geschäftsmann, der sein Vermögen beim großen Börsencrash Anfang des neuen Jahrtausends verspekuliert hat und seitdem wunderlich geworden ist.

Er selbst redet nie über seine Vergangenheit, so interessant seine Biographie wohl auch wäre. Ein Mensch, der anscheinend keinen Wert mehr darauf legt, irgendetwas darzustellen. Und eben darum umgeben ihn umso mehr Legenden. Ich habe ihn ein paarmal zaghaft darauf angesprochen. Er hat nur gelächelt. Als ginge es um nostalgische Albernheiten. Sie noch einmal aus dem Keller des Gewesenen hervorzuholen, fand er wohl nicht lohnend genug, denn alles Fleisch – es ist wie Gras. Laut Brahms. Nun ja.

Das Leben geht weiter, die Erdkugel rollt auf ihrer vorgeschriebenen Bahn, und dann, als wir uns eben wieder halbwegs beruhigt haben, murmelt Sigi: »Was macht eigentlich die Gusti Huber?«

»Wer?«

»Die Schauspielerin!« Sigi schüttelt entrüstet den Kopf, sichtlich erschüttert, weil keiner von uns dummen Jugendlichen weiß, wer Gusti Huber ist.

»Und?«, fragt Manni. Derart eingeschüchtert und schmallippig hab ich den Herrn der Wildnis selten erlebt.

»Ist tot«, sagt Sigi. »Schon seit ’93. Wie ich.«

Hohe Wellen

Bei Mustafa ist eingebrochen worden. Frühmorgens stemmten die Täter ein Fenster seines winzigen Kiosks am Schlesischen Tor auf und klauten etwa zweihundert Schachteln Zigaretten. Er weiß noch nicht, ob die Versicherung den Schaden übernehmen wird. Sie könnte, fürchtet er, querschießen und einfach mal behaupten, der Kiosk sei nicht ordnungsgemäß verschlossen gewesen. Die Beweispflicht, dass dem nicht so gewesen sei, liege dann bei ihm, Mustafa. Er würde jetzt gerne ein Bier trinken, um sich zu beruhigen.

Manni sah ihn ungläubig an und fragte ihn, ob er sich das wirklich gut überlegt habe, er trinke doch sonst immer nur Tee. Da fühlte sich Mustafa überfürsorglich behandelt, nämlich wie ein Kind – und das als ein Mann von fünfundfünfzig Jahren, der schon sein ganzes Leben lang in Deutschland gearbeitet und Steuern gezahlt hat. Ein Wort ergab das andere. Mustafa geriet in Rage und beschimpfte lauthals Angela Merkel, weil sie das Diebsgesindel ins Land gelassen habe. Bei der mehrheitlich humanistisch geprägten Klientel der Wildnis kam er damit nicht eben gut an.

Woher er denn wissen könne, wurde er gefragt, welcher Abstammung die Täter gewesen seien? Und Olga aus der Ukraine warf ein, dass die Täter doch viel wahrscheinlicher unter den deutschen hundebesitzenden Säufern gesucht werden müssten, die sich jeden Morgen rund um Mustafas Kiosk zum Plaudern und Sternburgtrinken treffen. Denn, frei nach einer Erkenntnis aus *Das Schweigen der Lämmer*: Man begehrt, was man tagtäglich sieht. Müdervater, unser FDP-Wähler, mischte sich ein und bemerkte, dass es zwar einen deutschen Trinker-Treff gebe, aber gleich daneben auch einen exklusiv russischen. Halb Charlottenburg sei bereits in russischer Hand, aber in keiner Zeitung lese man was darüber. Nun meldete sich Rudi und gab zu bedenken, dass das doch auch irgendwie beruhigend sei, denn wenn es zum Dritten Weltkrieg komme, habe Putin eventuell Skrupel, die Bombe auf Berlin zu werfen. Und auch Gecko, die katholische Veganerin, lieferte ein Statement. Sie habe heute beruflich am Checkpoint Charlie zu tun gehabt, einem Ort, gleichermaßen für Touristen und Terroristen interessant. An solchen Fadenkreuzorten (fand ich gut, den Ausdruck) fühle sie sich nicht mehr wohl, da bekomme sie Zustände. Berlin sei zurzeit einfach nicht, was es vor Kurzem noch gewesen sei.

»Geben wir es zu. Wir haben uns mal sauwohl hier gefühlt, aber zurzeit nicht mehr so. Und bitte, liebe Freunde, wenn die U-Bahn einfährt, wartet immer dort, wo der vorderste Wagen zum Stehen kommt. Wegen der U-Bahn-schubser.«

Rudi setzte prompt noch einen drauf: So ein kleines, klitzekleines Bömbchen auf das Gebiet rund ums Kottbusser Tor, das wäre vielleicht gar nicht allzu schlimm. Da stünden inzwischen ja mehr Dealer als in ganz Kolumbien.

Und so weiter und so fort, die Sprüche wurden heftiger, die Debatten schlugen hohe Wellen, und irgendwann wurde klar, dass auch hier, in der Wildnis, einige AfD wählen werden, manche aus Angst, manche aus Zorn, manche aus Daffke. Das ist berlinisch und bedeutet: aus Trotz. Einfach, um die Karten neu zu mischen. Um irgendetwas anderes zu machen, als auf den Terroranschlag oder einen Termin beim Bürgeramt zu warten. Ein Schmierfilm aus Furcht und Wut liegt über der Stadt. Mustafa sitzt am Tresen, trinkt das dritte Pils und meint anerkennend, so köstlich habe er sich dieses Getränk nicht vorgestellt. Manni kommt aus dem Staunen nicht raus.

»Du hast wirklich dein ganzes Leben lang noch kein Bier probiert? Nicht mal alkoholfreies?«

Und Mustafa lacht und sagt, es sei schon unglaublich, wie leicht man einen deutschen Wirt verscheißern kann. Jetzt bin ich gespannt. Wenn Manni mitlacht, wird alles wieder gut.

Alltagserleichterungshilfen

Selten hat ein Thema die Gemüter in der Wildnis ähnlich hochkochen lassen wie der Polizeieinsatz neulich im Westend-Edelbordell Artemis. Diese Aktion, egal ob in der Sache berechtigt oder nicht, fanden nahezu alle Männer (die Frauen hielten sich erst mal raus und hörten neugierig zu) übertrieben bis grotesk und absurd, eine immense Verschwendung von Steuergeld.

»Mensch, neunhundert Polizisten!« Rudi ereiferte sich. »Warum nicht gleich 'ne Armee mit Panzern und Luftunterstützung? Bloß weil man ein paar Rocker festnehmen, ein paar Büros durchsuchen und die Personalien von dreißig Prostituierten aufnehmen will, die in ihren Dessous wohl kaum schreiend davongelaufen wären! Kann doch nicht wahr sein. Und warum haben die auch die Freier registriert? Warum hat die Presse das abgenickt? Stell dir mal vor, das Artemis leistet man sich ja nicht jede Woche, auf das eine Mal im Jahr spart man lange hin, da willst du keine schnelle Nummer, sondern einen richtig schönen kalifischen Herrentag, mit Bad, Dampfbad, Massage, Kino, ein paar Bierchen an der Bar und dem Abendbuffet, ganz abgesehen von den Hauptattraktionen. Und dann kommt da eine Tausendschaft Bullen reingeschwärmt. Dein großer Tag ist doch komplett im Eimer, und dein Eintrittsgeld bekommst du nie wieder!«

Das Wort ergriff unser kettenrauchender Rollstuhlfahrer Johann. Johann ist einen Meter zwanzig groß und keine dreißig Jahre alt, leidet aber unter dem Progerie-Syndrom, das einen viel älter aussehen lässt. Trotz seiner Hutzligkeit ist er beliebt, und außerdem sehr witzig.

»Für mich liegt der Fall ganz klar. Irgendeine Abteilung der Polizei wollte sich das Artemis mal von innen ansehen, ohne dafür blechen zu müssen. Und prompt sagten alle Polizisten, die davon hörten, und alle Polizistinnen, die das sonst *nie* zu sehen bekommen würden, hey, da wollen wir aber auch mit, da machen wir 'nen Gruppenausflug hin! Wandertag! Und immer mehr haben gerufen: Ich auch, ich auch! Neunhundert Polizisten. Bestimmt haben die am Ende auch das Buffet beschlagnahmt!« Applaus, alle halten sich den Bauch vor Lachen.

Es ist ja interessant. Nur relativ wenige Männer geben ungefragt zu, schon mal im Puff gewesen zu sein. Aber als Berliner Mann noch *nicht* im Artemis gewesen zu sein, diesem Verdacht will sich so richtig keiner aussetzen, nicht hier in der Wildnis.

»Ihr seid wohl echt noch stolz darauf«, rief dann, äußerst erbost, die moralisch wenig elastische Gecko, »in so'nem Schuppen Zwangsprostituierte auszunutzen.«

Rudi meinte, das sei überhaupt noch nicht raus, dass da Frauen zu irgendwas gezwungen worden seien. »Außerdem ist das nun mal alles andere als ein ›Schuppen‹.«

Müdervater legte noch einen drauf: »Warum kommen so viele Touris aus aller Welt nach Berlin? Wegen Fernsehturm und Brandenburger Tor? Das erzählt man den Kindern.«

An dieser Stelle schaltete sich erneut Johann ein und schoss den Vogel ab.

»Gecko, ich sag dir mal was. Eine Frau, die mit mir das Bett teilt, muss sich schon ein bisschen dazu zwingen – und warum soll ihr Beruf denn partout ein Traumberuf sein? So was wie das Artemis ist, korrekt geführt, sicher um viele Klassen besser und begrüßenswerter als irgendein Wohnzimmerpuff oder gar der Straßenstrich.«

Es ging noch eine Weile hin und her. Dass die eine Hälfte der Menschheit der anderen vorwirft, so zu sein, wie sie nun einmal ist, hatte schon immer was von Kindergarten an sich. Mir fiel dabei ein, wie emotional etliche Männer reagierten, als im letzten Jahr die Meldung durch die Gazetten ging, künftig sei Insassen der JVA Tegel der Besitz von Pornoheftchen verboten. Der Aufschrei war groß, von staatlicher Bevormundung und Repression war die Rede. An Pornoheftchen sei per se nichts illegal, warum also wolle man sexuell ausgehungerten Häftlingen diese kleine Alltagserleichterungshilfe wegnehmen? Wie grausam sei das denn? Das gehe gar nicht. *Gar nicht.*

Ich kann mir kaum vorstellen, dass sich Rudi, Johann, Müdervater und Co. bei einem anderen Thema ähnlich leidenschaftlich engagieren würden. Umgekehrt halten sich die Frauen in der Wildnis bei solchen Debatten auffallend zurück. Bestenfalls, so hat es den Anschein, sind ihnen die Bedürfnisse männlicher Häftlinge komplett egal. Laut Statistik konsumiert auch jede vierte Frau Pornographie. Zugegeben hat das hier noch keine. Nur Gecko bezieht regelmäßig Position. Sie besteht darauf, dass jeder Porno eine Zurschaustellung der Frau sei, eine Herabwürdigung und Reduzierung zum Objekt. Außerdem bekomme man als Frau ein Schönheitsideal vorgesetzt. Sobald man dem nicht entspreche, fühle man sich schlecht. Manni hält dann ebenso regelmäßig entgegen, dass sie völlig Recht habe, wo sei das Problem?

»Das Problem ist, dass es zu wenige Pornos gibt, in denen hässliche fette Frauen dominant auf Typen mit kleinen Schwänzen reiten!«

»Wer zum Teufel will denn so was auch sehen?«, fragt Manni, und Müdervater streut eben mal trocken ein, es gebe dafür durchaus einen Markt. Er zieht sein Smartphone hervor, zeigt uns einen Pornoversand, bei dem man als mögliche Suchbegriffe *Fat/ugly Woman, Dominant/aggressive* und *Little Cock* eingeben kann. Gecko ist dann nach Hause gegangen, sichtlich aufgewühlt.

Frauenfleisch

Gabi und Sonja, die Lesben, hatten sich getrennt. Dennoch gingen beide weiter in die Wildnis, um sich einen anzuschickern. Niemand verstand das so richtig. Sie tranken, jede für sich, an den am weitesten voneinander entfernten Tischen der Kneipe, und nach dem dritten Bier riefen sie sich Beschimpfungen zu, quer durch den Dunst aus Rauch und Gerülps. Vielen ging das auf die Nerven, und sie knurrten und murrten. Aber es gab auch berührende Statements, zum Beispiel von Ahmed: »Wie kann ein Hetero wie ich was gegen Homos haben? Das wär doch voll unklug. Umso mehr Homos es gibt, umso mehr freie Frauen gibt es auf dem Markt. Wir müssten den Schwuppen dankbar sein.«

Ich war ein wenig auf Krawall gebürstet und meinte, nach seiner Logik müssten Heteros dann was gegen Lesben haben. »Hab ich nich. Die sehen doch eher selten wirklich gut aus.«

Ich kenne Lesben, die verdammt gut aussehen, aber Ahmed hatte Lacher und Sympathien auf seiner Seite. Manni, der manchmal unaufgefordert Geschichtsunterricht gibt, schaltete sich ein. »Seltsamerweise waren die Lesben aber selbst den Nazis egal.«

»Echt?« Das war für Ahmed neu.

»Ja, von wenigen Einzelfällen abgesehen, wurden Lesben im Dritten Reich nicht verfolgt. Obwohl die ja ihren Mutterpflichten etwas seltener nachgekommen sein dürften.«

Manni grübelt noch einige Zeit laut darüber nach, woran dieses Desinteresse der Nazis an der Umerziehung lesbischer Frauen gelegen haben mag. »Vielleicht hatte man Verständnis für die Sehnsucht der Schönheit nach Schönheit. Männer haben oft Verständnis für Lesben. Beide haben letztlich dieselben Interessen: Frauenfleisch.«

»Warum musst du das denn so metzgermäßig-sexistisch ausdrücken?«, frage ich.

»Weil es so ist. Du kannst mich mal! Der Mensch, der Mann vor allem, *ist* sexistisch. Ist ein tierisches Sexsubjekt, umgeben von möglichen Sexobjekten. Wie es Georgette Dee mal ausgedrückt hat: Alles wird mit dem ersten Blick eingeteilt in: *fuckable* – oder *not fuckable*. So, genau so, ist das. Niemand wird mir das jemals niedlich reden. Basta.«

Heute Abend betraten Gabi und Sonja das Lokal Arm in Arm. Anscheinend haben sie sich versöhnt. Inzwischen waren etliche Details gehandelt worden, und ein Gerücht jagte das nächste. Ich verzichte auf die reinen Mutmaßungen und beschränke mich auf schlanke Fakten. Also:

Im letzten Sommer hatten Gabi und Sonja eine junge, gutaussehende Syrerin bei sich aufgenommen, in die sie sich beide sofort verliebten. Die Syrerin habe auf keinen Fall unhöflich sein wollen und habe die erotischen Avancen nur halbherzig abgewehrt, wohl auch aus Angst, bei Gabi und Sonja nicht länger willkommen zu sein.

Entstanden sein muss eine Hölle. So viele Aspekte politischer Korrektheit hätten bedacht werden müssen. Jetzt, erzählt Sonja, sei endlich eine Lösung gefunden. Die Syrerin wohne unangemeldet mit ihrem deutschen Freund in einer Einzimmerwohnung im äußersten Norden Pankows. Die Miete bezahlen Gabi und Sonja. Langsam hätten sie wieder Vertrauen zueinander gefasst und könnten über die Episode sogar lachen.

»Wär das nicht ein toller Komödienstoff für dich?«, fragen sie mich. Ich grüble kurz und sage viel zu schnell nein (ich bin ein Mann und darf das wahrscheinlich nicht) – sonst hätte ich wohl mehr Details erfahren. Was mir nun, nachdem Sonja und Gabi sich zum Knutschen in eine Nische verzogen haben, vielsilbig von mehreren Seiten vorgeworfen wird. Manni kann es nicht fassen. Das mit der Wohnung in Pankow. Wo man doch vom deutschen Staat sogar Geld für den Flüchtling kassieren könnte. Aber das lehnen die beiden bewusst ab. Das Geld. Denn dann wäre die gute Tat ja nur noch eine gut bezahlte Tat. Manni wühlt in seinen Haaren. Die beiden übergeschnappt zu nennen, traut er sich nicht. Nicht mehr. Die Verunsicherung vieler Leute nimmt zu, weil sie sich durch die guten Taten anderer als moralische Minderleister fühlen. Was ihnen ganz und gar nicht behagt. Bewusst oder unterbewusst legen sich viele eine Argumentationskette um den Hals, mit der sie ihr fehlendes Engagement aufwendig begründen. Das mündet fast immer in rassistisches Gedankengut. Besser wäre es, diese Leute würden vor sich selbst einfach zugeben, dass sie zu faul sind, um zu helfen. Oder zu geizig. Ist nicht schön, aber menschlich. Stattdessen beginnen sie von der deutschen Leitkultur und deren hohen Werten zu faseln, die man gegen fremdländische Unterwanderungen schützen müsse. Dabei waren die meisten noch nie in einem Theater oder Opernhaus, und die Pfeiler ihrer teutonischen Leitkultur hießen bisher Bier, Fußball und Helene Fischer.

Andererseits nerven auch jene, die die Flüchtlingshilfe gerade zu ihrer neuen Lebensbestimmung erheben, als sei ihr Dasein zuvor komplett bedeutungslos gewesen und erst jetzt einigermaßen gerechtfertigt. Die, von sich selbst gerührt und enthusiasmiert, Dauerorgasmen des spirituellen Altruismus genießen.

Wenn man mich fragt: Ich habe jeweils hundert Hemden und T-Shirts gespendet, das ließ sich mit meinem Einkommen einigermaßen vereinbaren, und damit gut. Die Frage, wie viel der Einzelne tun kann, soll oder muss, treibt viele um, wo sie besser aus dem Herzen oder aus dem vollen Bauch heraus Empathie zeigen sollten, ohne viel Gedöns und Gewese, ohne ideologische Kuppelbauten.

Manni greift zu einem faulen Kompromiss und schmeißt eine Runde aufs Haus. Finden aber alle okay.

Prinzipien

Kürzlich hat jemand den Vorschlag gemacht, in der Wildnis eine Tischtennisplatte aufzustellen. Der Hintergrund ist, dass es jahrelang eine Tischtennisgruppe gab, die sich wöchentlich in der Sportoase Moabit getroffen hat, bis diese schließen musste. So irre sich das anhört, so wahr ist es doch auch: Um in einer Dreieinhalbmillionen-Metropole wie Berlin Tischtennis in der Halle gegen Bezahlung spielen zu dürfen, ohne gleich eine Vereinsmitgliedschaft zu akzeptieren, muss man etwas länger suchen oder nach jwd fahren, in sagenhafte Stadtteile des Nordens wie Wittenau. Eine beschämende Lücke im urbanen Angebot. Deshalb wurde nun Manni gefragt, ob er es sich nicht vorstellen könne, zwei, drei Tische enger zusammenzuschieben und einmal pro Woche eine Tischtennisplatte aufzustellen, wie es in manchen angesagten Kneipen bereits der Fall sei.

Manni fiel die Kinnlade runter. »Nur über meine Leiche!«, ließ er uns wissen. »Am Ende besteht meine Kundschaft aus bärtigen Hipstern, die mit ihren Smartphones in den Ecken hocken und Kopfhörer tragen.« Das, so Manni, wäre das Ende seines traditionellen Neuköllner Eckkneipenidylls, in dem die zwischenmenschliche Kommunikation hochgehalten werde.

Manni hat etwas gegen Kunden, die in seiner Wildnis ihr Notebook aufklappen und in drei Stunden selbstreferenzieller Schweigsamkeit gerade mal einen Tee konsumieren.

Da kann er schon mal unangenehm werden und seine Rechte als Gastwirt deutlich überziehen, indem er die unerwünschten Gäste einfach nicht bedient oder gar an die Luft setzt.

Aber lautstark Tischtennis spielen sei doch etwas völlig anderes, wandten wir ein. Manni hingegen möchte nicht, dass die Wildnis, trotz ihrer gewissen Urigkeit, womöglich als hippe Location gelten und ungewohntes Publikum anziehen könnte. Er erklärt uns, dass bereits die Anwesenheit eines Flippers, einer Jukebox, einer Dart-Anlage oder eines Billardtischs die Beschaffenheit einer Kneipe grundlegend neu definiert und eine andere Sorte von Publikum anlockt. Darüber hatten wir nie nachgedacht.

»Schaut mal, wenn man zum Beispiel einen Kicker aufstellt, ist das Lokal für die Schachspieler gestorben, wegen Geklacker und Gejohle, der Lärm wird einfach zu stark. Dart und Billard nehmen zu viel Platz weg. Ein Flipper muss nicht unbedingt sehr laut sein, aber er macht die Leute nervös mit seiner Blinkerei. Spielautomaten locken die Spielsüchtigen an, die herummaulen, falls ich schon mal um zwei Uhr zumachen will. Und eine Jukebox würde bedeuten, dass ich nicht länger Herr über die Musik bin, die aus meinem Radio kommt. Wozu wäre ich dann Wirt geworden? Wie würde ich weiter meine Machtfantasien ausleben? Am Ende wollt ihr hier noch Demokratie, 'ne Wickelstation und veganes Essen, wa? Obwohl – so bin ich ja gar nicht, für Veganer hab ich hier trocken Brot und Essiggurken. Aber damit hat es sich auch. Hier gibt's Buletten und Würstchen, und im Kartoffelsalat sind Schinkenwürfel drin. Zum Fleiß! Ende Debatte.«

Wir hatten nie geahnt, wie durchdacht das alles war. Es leuchtete auch ein. Die Wildnis gibt es angeblich seit weit über hundert Jahren, und falls die vergilbten Fotos an der

Wand keine Fälschungen sind, hat sie sich in all der Zeit kaum verändert. Dafür muss man etwas tun. Muss sich den diversen Strömungen der Zeit standhaft verweigern. Neulich war ich auf einer Veranstaltung im Planetarium, bei der Stadtpläne Berlins verglichen wurden. Von 1742, von 1875, von 1932 und jetzt. Unglaublich, wie viel sich da binnen weniger Jahrzehnte verändert, ganze botanische Gärten werden umgesiedelt, Festungen geschleift, Paläste gesprengt, Kanäle zugeschüttet, um Platz für die Stadtbahn zu haben, Tausende von Straßen und Plätzen wechseln ihre Namen, und Millionen von Schicksalen entscheiden sich, wobei die allermeisten kaum eine Spur hinterlassen. Das hat mich schwer melancholisiert, und sofort bin ich in die Wildnis gegangen, um ein Bier zu trinken und ein wenig Halt zu genießen auf dieser Schleuderfahrt durch die Vergänglichkeit. Und ich habe plötzlich volles Verständnis gezeigt für Mannis Konservatismus. Man weiß, was man in der Wildnis bekommt, und wer damit nicht zufrieden ist, soll woanders hingehen. Im Grunde ist es sehr fürsorglich von ihm, nichts auf eigene Faust zu verändern.

Einzig Agnes Consuela, die auch in diesem Winter wieder barfuß unterwegs ist, legte auf ihre ganz eigene Art Protest ein. Sie, die Fleischverächterin, inzwischen fünfundsechzig Jahre alt und kein bisschen weise, ließ sich vom Sushi-Laden gegenüber eine vegane Platte anliefern, mit der setzte sie sich an den Tresen und futterte das Zeug vor Mannis Augen. Der sah ihrem Treiben eine Weile regungslos zu, dann nahm er ihr die Sojasauce weg, wobei er auf das Schild über dem Tresen hinwies: *Der Verzehr mitgebrachter Getränke im Lokal ist untersagt.*

Flughafen

Wenn jemand in der Wildnis die Stimmung anheizen will, muss er das Thema bloß irgendwie in Richtung Flughafen lenken. Schon schwellen die Kämme, und zwar weniger, weil sich noch irgendjemand über die Bauverzögerungen am BER aufregen würde, nein, das hat man inzwischen hingenommen wie eine unheilbare Krankheit und macht sich nur noch drüber lustig. Emotionen, und zwar ziemlich aggressive, kochen hoch, wenn die Sprache auf die Schließung des Flughafens Tegel kommt.

Ein paar Nichtflieger begrüßen die Schließung und behaupten, Flughäfen auf dichtbesiedeltem Stadtgebiet seien unzeitgemäß, wegen Unfallgefahr und Lärmbelästigung. Daraufhin werden die anderen noch wütender, und man streitet. Denn die meisten hier lieben Tegel, den unkompliziertesten Flughafen der Welt. Und sie fühlen sich von den Politikern über den Tisch gezogen. Überhaupt ist man in der Wildnis auf die Berliner Innenpolitik nicht gut zu sprechen. Rudi fragt, was von Wowereit denn geblieben sei, außer einem neuen Reim auf Peinlichkeit, und der neue Regierende kapiere auch nicht so recht, dass man Berlinern nicht mit Blasiertheit und Bevormundung kommen darf. Viele stimmen ein und fühlen sich behandelt wie kleine Kinder, denen man kaum Entscheidungsspielraum zubilligen möchte, damit kein zu großer Sachschaden entsteht. Das Volksbegehren für die Erhaltung Tegels, sagt Müdervater, werde derzeit mit fiesen kleinen juristischen Tricks aufgehalten, in der billigen Hoffnung, es würden am Ende nicht genug Unterschriften zusammenkommen. Er hat mir das dann genau erklärt, aber ich hab's auch gleich wieder vergessen.

Manni meinte, Berlin sei nun mal neunmal so groß wie Paris, was vielen gar nicht bewusst ist. Eigentlich benötige eine solche Stadt vier bis fünf Flughäfen, an jeder Ecke einen wie in London. Und das sei völlig realistisch bis notwendig, wenn man annimmt, dass sich in den nächsten dreißig Jahren der Flugverkehr verdreifachen wird, weil dann ganz Europa zu einer Stadt geworden ist, in der man abends auch mal in einem anderen Viertel ausgehen will. Und jemandem aus Spandau zuzumuten, anderthalb Stunden bis Schönefeld zu fahren, um eine Stunde bis, sagen wir mal, Amsterdam zu fliegen, das sei wenig bürgerfreundlich. Nein, die meisten Berliner Politiker seien visionsfreie Gartenzwerge, korrupt, inkompetent und arrogant. Wurschteln sich halt so durch.

Ein Flughafen für eine Stadt mit bald vier Millionen Einwohnern? Auf so ein Schwachsinnskonzept müsse man erstmal kommen, schimpft nun auch Gabi, und das ökologische Argument lehnt sie mit dem Hinweis ab, es werde so viel geflogen, wie geflogen werde, egal wie viele Flughäfen vorhanden seien. Die Flugrouten würden aber kürzer, indem man nicht mehr um die Stadt herum oder über sie drüber fliegen müsse. Das höre sich nach wenig Ersparnis an, aber in der Summe rechne sich das hoch. Und wie viele Arbeitsplätze diese Flughäfen bieten würden! Man habe ja beim Bau des BER gesehen, dass praktisch jeder da einen Job habe bekommen können, ob er von etwas eine Ahnung hatte oder nicht.

Schließlich bekommen die Klagen etwas Weinerliches, danach verebbt es. Denn der Berliner ist, auch wenn er gerne nörgelt, stolz auf seine Stadt, und er verträgt es auf Dauer nicht, wenn er in aller Welt, bei jeder Gelegenheit, immer wieder auf die groteske Wunde der Stadt angesprochen wird, diesen Turmbau zu Babel in Schönefeld, der vor vier Jahren schon hätte öffnen sollen, das schwarze Loch im Südosten, das die Steuergelder seiner Bürger verschlingt. Es gibt inzwischen Prognosen, dass der Flughafenbetrieb erst mit zehn Jahren Verspätung aufgenommen werden kann. Vielleicht wäre es rentabler, ihn sofort plattzumachen und ganz neu zu konzipieren, diesmal mit Fachkräften.

Beim Wort »Baustelle« fallen jedem Berliner nur noch negative Konnotationen ein. Gabi zum Beispiel beschwert sich, weil am Mehringdamm irgendwas repariert werden muss, also hat man den südlichen Eingang zur U-Bahn zugemauert. Schön und gut, muss ja mal sein. Doch das war vor einem Jahr, seither ist nichts passiert. Nüscht. Null. Nix. Nihil. Auch das ist Berlin. Unter vielem anderen natürlich.

Das Weiße vom Ei

»Ich bin heute auf Wordox im Chat zweimal angemacht worden«, beschwert sich Lina.

Wordox ist ein süchtig machendes, scrabble-ähnliches Handyspiel, bei dem man virtuelle Blumentöpfe gewinnen kann.

»Ist doch besser, als wenn sie dich ausgemacht hätten«, ruft Manni quer durch den Raum, und weil er selbst gleich merkt, dass das keine sehr brillante Replik gewesen ist, fügt er hinzu, dass Frauen früher mit so was geprahlt hätten. Stolz seien sie darauf gewesen.

»Und so was passiert ja meist nur den Hübschen, die im Leben sowieso einen Riesenvorteil haben. Und das mit der Hübschheit dauert ja nicht lang, dann ist es wieder vorbei, und die Altersruhe beginnt.«

Alle lachen los, die einen, weil sie es komisch finden, die anderen, weil sie Manni für einen blöden Macho halten. Lina sitzt in der Ecke, auf dem Tisch, wohl damit ihre Pfennigabsätze besser zur Geltung kommen. Sie ist schlank, hat maßlos lange Beine und tindert gegen die Langeweile an. Weil meine Backgammonkumpels noch nicht da sind, setz ich mich zu ihr und frage, ob ich zusehen darf. Warum nicht, sagt sie und lädt Typen hoch, die sie entweder wegwischt oder okay findet. Klare Sache, Daumen rauf oder runter, hopp oder topp.

Lina ist Ende zwanzig und ziemlich attraktiv, und wenn ein Gast es schafft, dass sie eine Getränkeeinladung von ihm annimmt, hat er recht gute Chancen, sie am Ende des Abends abschleppen zu können. Niemand hier hat sie jemals deswegen als Schlampe bezeichnet. Lina ist bei diesem Thema so natürlich und offenherzig, dass beinahe alles aus ihrem Mund selbstverständlich und selbstbewusst klingt. Sie habe nun einmal gerne Sex, gerne auch betrunken, und sehe nicht ein, warum man aufs zweite Date warten solle, wenn es doch eh nur um das Eine gehe. Aber jetzt, und dazu zieht sie eine traurige Schnute, wünsche sie sich, mal wieder verliebt zu sein, sie sei schon ein halbes Jahr Single, und diese One-Night-Stands seien halt doch nur das Weiße vom Ei.

»Und deshalb tinderst du?«, frage ich mit einem leisen, verständnislosen Schnauben. »Du weißt doch hoffentlich, dass das eine reine Fick-App ist?«

Vielen tindernden Frauen scheint das nämlich nicht so klar zu sein, die schreiben in ihr Profil treudoofes Herzschmerz-Zeug und verbitten sich in ihrem Profil Anfragen derer, denen es nur um Spaß geht. *Aufforderung zur Heuchelei*, nennt man das wohl. Also, ihr Frauen da draußen: Den Prinzgemahl fürs Leben sucht woanders, nicht bei Tinder.

»Mensch«, meint Lina, »ich bin ja nicht doof, klar geht's in erster Linie ums Poppen, aber verlieben kann man sich trotzdem, oder?«

»Dann könntest du dich genauso gut hier bei einem deiner One-Night-Stands verlieben, theoretisch.«

Lina fängt meine Frage mit einem Augenzwinkern auf und grübelt darüber nach.

»Also, Helmut, das soll jetzt wirklich nicht snobby oder arro klingen, ja? Typen, die diesen Schuppen hier besuchen, sind okay für eine Nacht, aber für ne Beziehung oder wenigstens eine Affäre hätt ich schon gern etwas mehr Niveau.«

»Oh, ich verstehe …«

Sie zwinkert mir zu. »Nee, dich mein ich natürlich nicht, du hättest Niveau genug, du bist halt nur zu alt.«

Ich sag ja, wenn man Lina zuhört, klingt alles natürlich und selbstverständlich. Sie wollte mich nicht beleidigen, wollte mir nur Balzarbeit ersparen, das ist fürsorglich von ihr. Und beinahe hätt ich ihr geantwortet, dass sie, wenn sie in eine höhere Liga aufsteigen will, dringend mal eine Zahnreinigung braucht, aber dafür stehen wir uns nicht nahe genug, und sie hätte es vielleicht auch nicht als gutgemeinten Ratschlag verstanden, sondern als beleidigte Sottise.

Wobei das Älterwerden natürlich schon an sich etwas Beleidigendes hat. Und der Tod ist eine ganz unverzeihliche Einmischung, ein Eklat, ein Skandal. Ich bin dagegen. Nun denn.

Jüngst habe ich bei bester Gesundheit und in jugendlichster Stimmung meinen zweiundfünfzigsten Geburtstag gefeiert, und ich muss sagen, dass Berlin eine großartige Stadt zum Älterwerden ist. Fast nirgends wirst du abgewiesen, weil die Milchbubis unter sich sein wollen. Das hat hierzulande eine gewisse schöne Tradition. Hin und wieder muss man es aber erwähnen oder sogar aufschreiben, damit es auch die frisch Zugereisten mitbekommen.

Das Delikt

Den Rudi hamse verhaftet. Oder festgenommen. Es ist im Grunde ganz einfach, sich den Unterschied zu merken, trotzdem bring ich das oft durcheinander. Wahrscheinlich haben sie erst das eine, dann das andere mit ihm gemacht. Reihenfolge ist mir egal. Jedenfalls sitzt er jetzt in U-Haft (wo genau, keine Ahnung), und alle hier in der Wildnis haben schon immer gewusst, dass es mal so mit ihm kommen würde. Ein jähzorniger, gewaltbereiter Mensch mit Mordfantasien und großem Hass auf praktisch alles. Eigentlich wissen wir aber nicht, weswegen er konkret einsitzt. Es gibt noch nicht mal Gerüchte. Und wenn man ganz streng zurückdenkt, so hat hier niemand jemals gesehen, dass Rudi irgendwem ein Haar gekrümmt hätte. Man kann sagen, dass Rudi immer gewaltbereit *schien*. Ob er es war, weiß nur er selbst. Und zwischen gewaltbereit scheinen und gewalttätig sein, liegen doch noch ein paar Fußballfelder.

Alles, was wir wissen, wissen wir von seinem Nachbarn Thilo. Der hat mitbekommen, wie die Beamten morgens um fünf an Rudis Tür klingelten und ihn mitnahmen. Könnte er genau genommen auch für sich behalten. Kam aber extra hergerannt, um uns zu informieren.

»Warum machen die das morgens um fünf, wie einstens die Gestapo?«, will Manni sofort wissen, und Gecko sagt, das könne Zufall gewesen sein, die Polizei sei 24/7 unterwegs, oder vielleicht wolle man wegen der

Unschuldsvermutung Rücksicht nehmen auf den Be-
schuldigten. Morgens um fünf bekomme doch kaum
jemand was mit von einer Festnahme. Außer natürlich,
man heißt Thilo und ist Frühaufsteher.

Thilo und Rudi sind Nachbarn, aber nicht befreundet,
deswegen sei es zu keinem Wortwechsel gekommen, wie
zum Beispiel: »Mensch, Rudi, warum nehmen die dich
denn mit? Brauchst du vielleicht Hilfe?«

»Ach, Thilo, verpiss dich, hilf dir mal lieber selber!«

So oder ähnlich hätte Rudi wahrscheinlich auf ein Hilfs-
angebot von Thilo geantwortet. Denn Rudi ist ein harter
Lederjackenkerl und Thilo ein Latzhosenträger mit splis-
sigem Pferdeschwanz, der von selbstangebautem Salat
aus den Prinzessinnengärten lebt. Und je länger wir über
die Angelegenheit reden, umso deutlicher wird, dass Rudi
um einiges beliebter ist, als man aufgrund seiner lächel-
freien Clint-Eastwood-Fresse vermutet hätte. Er gehört
zu den Typen, die immer sagen, was sie denken, und auch
wenn einem nicht alles bis recht wenig von dem gefällt,
was so einer denkt, ist er auf gewisse Weise berechenbar,
somit beinahe schon verlässlich. Ja, so tönt es aus mehreren Ecken, wir werden ihn durchaus vermissen.

Regen trommelt gegen die Fenster. Heftiger Regen.
Teile der Stadt gleichen einem See. Viele Unterführungen
sind gefüllt mit abgesoffenen Fahrzeugen.

Und plötzlich geht die Tür auf, und herein tritt: Thor mit
dem Hammer, von Blitz und Donner umweht. Ach nein,
es ist Rudi. Alle stürzen ihm entgegen. Also metaphorisch.
Eigentlich bleiben alle regungslos sitzen und starren ihn
an. Und nur einer hier besitzt die Autorität, die entstande-
ne Stille zu zerteilen wie Moses das Meer. Manni.

Der Zwei-Meter-Mann geht auf Rudi zu und klopft ihm
auf die Schulter. »Was war'n los, Mensch?«

Natürlich weiß Rudi jetzt, dass alle in der Wildnis es wissen. Dass er eine Woche lang eingesessen hat.

»Warum ich einsaß, wollt ihr wissen?« Rudi schaut uns der Reihe nach an. Jeder guckt irgendwohin.

»Leute! Das geht euch einen Scheißdreck an! Jedenfalls haben die Beweise nicht ausgereicht, und hier bin ich wieder!«

Die meisten Menschen hätten an Rudis Stelle gesagt, sie seien unschuldig gewesen, aber Rudi wählt, sicher mit Bedacht, eine dunklere Formulierung. *Die Beweise haben nicht ausgereicht.* Soso. Da wirkt er gleich noch um einiges gefährlicher.

Im Laufe des Abends gingen einige Vorwitzige zu ihm hin, spendierten ihm was und wollten mit geschickten Fragen etwas erreichen, etwas aus ihm herauskitzeln.

»Sag mal, Rudi, kann ich bei dir irgendwas kaufen?« Oder »Sag mal, Rudi, hast du eigentlich nen Waffenschein?« Solcherlei Fragen. Rudi hat immer nur gegrinst. Selig.

Natürlich kennt jeder über drei Ecken irgendwen, der bei der Polizei oder Justiz arbeitet. Dadurch kam nur einen Tag später raus, dass Rudi nicht etwa wegen Drogen oder Beleidigung oder Körperverletzung gesessen hat, sondern wegen des Verdachts auf schwere Steuerhinterziehung. Wegen dringender Fluchtgefahr, die jetzt offenbar, aus welchem Grund auch immer, nicht mehr besteht.

Danach waren alle nur ratlos. Verblüfft. Wir wissen nun wenigstens, dass wir nichts über Rudi wissen.

Der Schrein

Gecko, die erzkatholische Veganerin mit den Dreadlocks, ist schwanger. Und stolz.

»Seht mich an! Ein Kindlein wächst in mir heran! Ich bin so glücklich. Mein Bauch ist ein Schrein!« O-Ton Gecko.

Das ist echt zum Schrein, sagt Manni. Und, aber leise, mehr zu mir, dass ihm werdende Mütter auf die Nerven gehen, die glauben, sie seien etwas Besonderes oder erwiesen der Menschheit gar noch einen unbezahlbaren Dienst. Überhaupt gingen ihm alle Leute auf die Nerven, die eine Geburt, also eine ganz normale Geburt, zum Wunder erklären. Wo es doch ne Sache sei, an der jeder von uns mal beteiligt war, bei der es blutig und schmerzhaft zugeht. Mit viel Gebrüll. Und der neue Weltenbürger, also der neue Rentenzahler, sei ja später mal, wenn er bis dahin durchhalte, der neue Rentenempfänger. Das Problem mit der Bevölkerungspyramide werde nur in die Zukunft verschoben. Manni redet sich richtig in Rage.

»Lass sie sich doch freuen«, sage ich. Wenn Gecko ihren Bauch für einen Schrein hält, soll das so sein, solange wir ihn nicht anbeten müssen. Alle Menschen machen gerne etwas mehr aus sich. Werdende Mütter schaffen das auf eine sehr unwiderlegbare Weise.

Manni sieht mich an. Solche Töne kennt er nicht von mir. Er ist verwirrt.

»Helmut, du sagst doch bei jeder Gelegenheit, wie froh du bist, dass du nie Nachwuchs gezeugt hast.«

»Stimmt«, antworte ich. »Aber deswegen muss ich allen anderen ihre runzligen Leibesfrüchte nicht madig machen. Muss ja doch irgendwie weitergehen mit der Menschheit.«

»Andere Frage«, meint Manni, »wie kommt eine erzkatholische Veganerin eigentlich unverheiratet zu einem Kind? Soll ich sie mal fragen?«

Alle in der Wildnis nicken. Und grinsen sogleich, weil ihr Nicken so synchron aussah wie jüngst das Turmspringen bei Olympia.

Man muss wissen, dass die adipöse Gecko nicht besonders attraktiv wirkt, um es ganz vorsichtig auszudrücken. Ihre Zehennägel hat sie seit Jahren nicht mehr geschnitten, und von ihren Dreadlocks geht ein gewisser Geruch aus, wenn man ihr zu nahe kommt. Es wäre schon interessant zu erfahren, welches männliche Exemplar unserer Spezies sich, enthusiasmiert bis zur Gliedversteifung, mit Gecko ungeschützt eingelassen hat, um ihren eh schon dicken Bauch, fahrlässig oder mit Absicht, in eine Monstranz zu verwandeln.

»Schließlich gibt es die Samenbank«, sagt Rudi, »und wenn's ganz billig gehen muss, das Pornokino, wo sich inmitten notgeilen Getiers jedes frauenähnliche Geschöpf in eine begehrte Gottheit verwandelt.« Er drückt das um einiges derber aus, als ich es hier zu Papier bringen möchte.

Manni überlegt, wie er Gecko die Frage stellen soll, um Aussicht auf eine Antwort zu haben. Und am nächsten Abend, als sie ihren Schrein wieder in die Wildnis trägt und diesmal statt Bier stilles Wasser bestellt, flüstert er ihr etwas ins Ohr.

Alle gucken hin und horchen. Was wird sie ihm antworten?

Sie klatscht ihm eine und murmelt etwas, das keiner von uns Voyeuren versteht. Zieht beleidigt von dannen.

Ohne ihr stilles Wasser bezahlt zu haben. Rauscht zur Tür raus und ward nicht mehr gesehn.

Eine Traube Neugieriger umdrängt den Wirt.

»Was hat sie gesagt? Was hat sie gesagt?«

Manni setzt ein ernstes Gesicht auf. Reibt seine Brauen. Blinzelt.

»Sie meinte, das sei allein ihre Privatsache. Sie fand die Frage im-per-ti-nent.«

»Hatse völlig recht!«, meint Sushi. »Sie würde es schon von sich aus erzählen, wenn sie Lust darauf verspürt.«

»Ach komm, Manni, deswegen hat sie dir bestimmt keine *gelangt*. Was waren deine genauen Worte?«

Manni sieht mich an und muss lachen. »Ja, hast ja recht, ich hab mich ein bisschen im Ton vergriffen, will ich jetzt nicht wiederholen, die Ohrfeige hab ich verdient.«

Rudi, aus der Ecke, raunzt in seiner gnadenlosen Art: »Wenn der Typ, der Gecko das angehängt hat, irgendwie vorzeigbar wäre, würde sie rumlaufen und'n T-Shirt mit seiner Fresse drauf tragen. Das ist mal ganz sicher.«

So geht es bisweilen zu in der Wildnis. Eher herbe, wenig dezent, beinahe familiär. Wenn Gecko nächste Woche heulend ankäme und klagen würde, sie habe ihr Kind verloren, würde die erste Frage wohl lauten: »Wo? Im Bus? Geh Fundbüro!«

Franchetti

Sophie ist eine Künstlerin, die abends in der Wildnis mit Papier und Schere und etwas Kleber kleine bunte Kunstwerke erschafft, die sie dann auf der Straße verkauft, zwei Stück für fünfzehn Euro. Berlin-Motive. Hübsche Kleinigkeiten, die man guten Gewissens besten Freunden schenken kann, ohne schiefe Blicke dafür zu ernten. Wenn ich Sophie bei der Arbeit zusehe, steigen mir Tränen in die Augen, und ich sage ihr stets: »Sophie, das kannst du doch nicht machen, verlang mehr für dein Zeug, jede deiner Collagen kostet dich fast eine Stunde Arbeit.« Und wenn sie dann antwortet: »Helmut, ich hab's doch probiert, aber die Leute sind einfach nicht gewillt, mehr dafür zu bezahlen, keinem in dieser Stadt sitzt der Geldbeutel noch locker.« In solch tristen Momenten wird mir wieder mal bewusst, wie viele Künstler in der Metropole um ein Plätzchen an der Sonne konkurrieren. Jedem von denen würde ich ein staatlich garantiertes Mindesteinkommen gönnen, andererseits muss man auch sagen: Wenn jeder ein Künstler sein möchte und jeder sich der Subvention sicher sein könnte, würde der Staat nicht länger funktionieren. Kunst, die gesellschaftlich relevant sein will, muss heutzutage schon überragend sein, um das Publikum noch zu erreichen und zu elektrisieren. Eine hohe und furchterregende Hürde für alle Newcomer, aber hey, so war das immer mit künstlerischen Berufen.

Jemand wie Sophie wird im Alter bettelarm sein, aber sie weiß es und macht ihr Ding. Ich wäre gerne reich genug, um ihr jeden Monat zehn Bilder abzukaufen. Bin ich leider nicht. Aber es gibt ein Rezept, mit dem man mein Dilemma reduzieren kann. Ich finde, dass jeder, der es in der Kunst einigermaßen zu was gebracht hat und nicht ständig um sich selbst kreisen muss, Pate stehen sollte für jemanden, dem weniger Glück vergönnt ist oder war. Bei mir ist das der jüdische Komponist Alberto Franchetti, der von den italienischen Faschisten Aufführungsverbot bekam und trotz mehrerer Welterfolge im Laufe der Jahre beinahe vergessen wurde. Ein hundebunter Mensch. Er hat den ersten italienischen Automobilclub gegründet, die italienische Richard-Wagner-Gesellschaft, den ersten europäischen Hundefriedhof, hat sich mit dem Säbel sechs Duelle auf Leben und Tod geliefert, wurde dabei schwer verwundet, war spielsüchtig, wurde von seinem Vater, dem damals reichsten Mann Italiens, enterbt, heiratete mit zweiundsechzig in dritter Ehe seine sechzehnjährige Klavierschülerin, hatte unter anderem vier Premieren an der Mailänder Scala und wird aufgrund antisemitischer Stereotypien immer noch von einigen Kritikern unterschätzt oder ignoriert, wohl auch, weil er sich vielen Moden verweigert hat und immer genau die Musik schrieb, die er für richtig hielt. Wobei er für jede seiner Opern eine ganz eigene Klangsprache erfand.

Ein etwas wuchtigeres Kaliber als Sophie, ein genialer, vielseitiger Künstler, dessen letzte, für die Schublade komponierte Oper *Don Buonaparte* ich derzeit in ein Notensetzprogramm eingebe. Ich bin der erste Mensch auf Erden, der diese Musik zu hören bekommt. Kostet mich täglich zwei Stunden Arbeit, und das über mehr als ein Jahr hinweg, es ist Arbeit *pro bono*. Bedeutet: Finanziell bringt mir das nichts, emotional sehr viel. Es ist die letzte Arbeit eines Achtzigjährigen, der seinem Sohn die Partitur auf dem Totenbett mitgegeben hat, er sollte sie vor den Nazis retten. Der Sohn tat das auch, kämpfte bei den Partisanen gegen Mussolini, brachte die Noten heil in die USA, schenkte der Musik aber keine Beachtung, schrieb selber welche, jazzig angehauchte, und starb, nach einer durchwachsenen Professorenkarriere, 1992. Vielleicht ist er vor der gewaltigen Aufgabe zurückgeschreckt oder war schlichtweg zu faul. Einige seiner noch lebenden Studenten schildern ihn als etwas verschroben bis verrückt. Hier und da finden sich in den Noten Anmerkungen von seiner Hand in deutscher Sprache, zum Beispiel: *Hier anfangen – Donnerstag.*

Unheimlich. Sei es, wie es sei – seine Witwe ist immer noch am Leben, und irgendwie geriet eine Kopie der mit Bleistift geschriebenen Partitur in meinen Besitz. Bald stellte sich heraus: Es ist eine grandiose Oper. Täglich erwecke ich etwa acht Sekunden davon zum Leben. In etwa zwei bis drei Jahren könnte *Don Buonaparte*, eine bukolische Komödie – ausgerechnet in Deutschland – uraufgeführt werden. Die Intendanten sollten bei mir Schlange stehen. Werden sie leider nicht. Am Ende wird sich vielleicht ein Einziger auf das Wagnis einlassen, einem Komponisten, der lange Jahre der wichtigste Konkurrent Puccinis war, seine Bühne zur Verfügung zu stellen. Egal. Diese Musik wird irgendwann da sein, für die Zukunft verfügbar. Und ein großes Unrecht wird spät noch abgemildert werden.

Sophie erzähle ich nichts davon. Sie klebt ihre hübschen Collagen und versucht, über die Runden zu kommen. Ich kaufe ihr noch zwei ab, obwohl ich kaum mehr weiß, wo ich sie hinstellen soll.

Godot

Es gibt ein witziges Wahlplakat der Grünen, das geht so: *M41 – Warten auf Godot.*

Außerhalb Berlins versteht das natürlich kein Mensch. M41 – das ist eine wichtige Buslinie, die zwischen Hauptbahnhof und Sonnenallee verläuft. Wenn man sich auf sie verlässt, ist man verlassen. Auf keiner anderen Linie kommt es öfter vor, dass mal eine halbe Stunde gar kein Bus kommt, dann drei hintereinander im Minutentakt. Schon oft haben Leute, die dringend zum Hauptbahnhof mussten, im letzten Moment wutschnaubend ein Taxi angehalten, sofern eines vorbeikam. Nur Touristen und sonstige Ahnungslose fahren mit dem M41 zum Hauptbahnhof, wenn es schnell gehen muss. Die M41 ist überhaupt eine sonderbare Linie. Das eine Mal am Tag, an dem ich mit diesem Bus statt zum Hauptbahnhof direkt zur Philharmonie fahren könnte, ist um neun Uhr abends – wenn da ganz sicher kein Konzert beginnt.

Wo wir grad dabei sind, will ich die Gelegenheit nutzen und einem alten Vorurteil widersprechen. Es *gibt* freundliche Busfahrer in Berlin. Ich habe in den letzten zehn Jahren drei oder vier dieser Menschen persönlich erlebt, und auch die große Mehrzahl meiner Freunde hat zumindest einmal eine solch unvergessliche Begegnung gehabt. Busfahrer, die einem die Tür doch noch mal aufmachen, statt dich zu ignorieren und stur eine halbe Minute lang auf die rote Ampel zu starren. Busfahrer, die

einem vertrauensvoll ersparen, den Fahrausweis vorzu-
zeigen, wenn man beidseitig mit Tüten bepackt ist. Busfahrer, die nett Auskunft geben, auch wenn die Frage
dämlicher kaum sein kann. Auf der Linie M41 hingegen
wird dergleichen bestimmt sehr viel seltener beobachtet.
Hier herrscht verbale Aggression seitens der genervten
Kundschaft, die sich automatisch auf den genervten Busfahrer überträgt, das schaukelt sich dann hoch.

Heute hat Müdervater von einer Art Schlägerei zwischen Fahrer und Fahrgast erzählt, die er, weil er ganz
hinten saß, fast nur akustisch mitbekommen hat. Der
Busfahrer habe die Polizei gerufen, der gewalttätige jugendliche Fahrgast, der seinen Fahrschein nicht herzei-
gen wollte, habe daraufhin die Flucht ergriffen, nachdem
er von draußen nochmal gegen das Fenster gespuckt hat.
Nichts Besonderes in einer Großstadt. Sollte man meinen. Aber der in seiner Ehre gekränkte Busfahrer habe,
statt den Vorfall einfach abzuhaken, alle anderen, komplett unschuldigen Fahrgäste aufgefordert, das Fahrzeug
zu verlassen, die Fahrt sei hier zu Ende.

Müdervater und weitere circa dreißig Menschen hätten murrend der Aufforderung Folge geleistet. Danach sei
der Busfahrer, ohne auf die Polizei zu warten, mit dem
entleerten Bus weitergefahren und habe irgendetwas
Tarzanartiges gebrüllt. Wow. Die Geschichte ist noch besser als die, die ich selber mal erlebt hab, als ein offenbar
unter Drogen stehender Fahrer einfach mal keinen Bock
hatte, an zwei Stationen anzuhalten, stattdessen »I did it
my way« sang und die protestierenden Leute weggetreten
anlächelte.

Sicher, sagt Müdervater, werde davon morgen nichts
in der Zeitung stehen, nicht mal im Lokalteil vom Lokal-
blatt. Aber, sagt er in meine Richtung, mach doch mal ne

Kolumne draus. Es könne doch nicht sein, dass die BVG dem Problem M41 so völlig hilflos gegenübersteht.

Wie sollte eine Lösung denn aussehen? Dass ein Ersatzbus flexibel irgendwo auf der Lauer steht und sich auf den Weg macht, wenn wieder eine Lücke entstanden ist? Würde zu viel kosten. Wenn man zur Lösung vordringen will, muss man erst einmal das Problem kennen und benennen. Ich habe keine Ahnung, warum gerade auf dieser Linie der Fahrplan nicht eingehalten werden kann, also frage ich herum. Ein auf das Thema angesprochener Busfahrer hat mir daraufhin erläutert, dass in Neukölln sehr oft Rollstuhlfahrer mitgenommen werden müssten, was zu enormen Verzögerungen führt, da der Fahrer jeweils aussteigen und eine Rampe anlegen und wieder abbauen muss. Ich hab ihn gefragt, ob es in Neukölln mehr Rollstuhlfahrer gibt als sonstwo in Berlin. Daraufhin er: »Isso. Kann ich nix für. Liegt wahrscheinlich an der ungesunden Luft und Ernährung.«

Ich glaube nicht, dass er irgendwas Behindertenfeindliches sagen wollte, ihm ist vielleicht nur nichts Besseres eingefallen. An höherer Stelle wusste man auch keine plausibleren Antworten zu geben. Das Ganze bleibt ein Mysterium.

Aber der Fahrer sagte mir auch noch, dass er um jeden Tag froh sei, an dem er nicht auf dieser Linie unterwegs sein müsse, und Tickets kontrolliere er schon lange nicht mehr, dafür liege ihm seine körperliche Unversehrtheit doch zu sehr am Herzen. Man müsse ja froh sein, wenn Jugendliche ohne Fahrschein, die man des Busses verweise, nur gegen das Fenster spucken. Es sei Schlimmeres denkbar.

Die Bierpreiserhöhung

Neulich ist in der Wildnis der Preis von einer Flasche Bier auf zwei Euro erhöht worden. Jahrelang war er stabil bei eins achtzig gelegen, weswegen sich Unmut breitgemacht hat. Unmut heißt eigentlich Almuth und ist an sich schon breit genug, zumal wenn sie vorher fünf Bier gehabt hat, was ihrer Abendration entspricht. Sie muss nun also zehn Euro für etwas bezahlen, wofür sie vorher neun bezahlt hat. Da sie jeweils einen Euro Trinkgeld gab, warf sie um Mitternacht stets einen Zehner auf den Tresen und wankte stolzen Herzens nach Hause. Dies sei ihr nun nicht mehr möglich, raunzt Almuth und führt Brandreden wider Manni, den Wirt. Der sei ja wohl zum Kapitalisten geworden (*mutiert* sagte sie sogar, wie man die Verwandlung vom Menschen in einen Vampir oder Zombie benennt) und würde *gewinnoptimiert* denken, wie irgendeiner dieser schmierigen Unternehmer. Die Kneipe sei doch jeden Abend einigermaßen voll, was solle also diese demütigende, atemabklemmende Bierpreiserhöhung, was habe die Schweinerei zu bedeuten?

Da war unser aller Oberwirt Manni in seiner Ehre getroffen und hielt eine Rede, als habe er soeben den alten Tyrannen-König getötet und müsse sich für seine Tat vor dem Volk rechtfertigen. Beinahe wäre er dafür auf den Tresen gestiegen, aber dann hätte er seinen Schädel an der Decke gestoßen, denn Manni misst beinahe zwei Meter.

»Freunde, Biertrinker, Berliner!« (Nein, das ist jetzt
überspitzt beziehungsweise geflunkert, aber »Freunde!«
rief er tatsächlich.)

»Freunde, hört mich an, es ist wahr: Den Preis für eine
Flasche Bier habe ich um zwanzig Cent angehoben. Es war
dies eine Sache, über die ich lange in schlaflosen Nächten
nachgedacht habe. Eine klare Notwendigkeit, die mein
Gewissen nicht weiter belasten wird. Denn der Strompreis
ist gestiegen, der Einkaufpreis für Bier ist gestiegen, die
Heizkosten sind ganz enorm gestiegen und ebenso erhöht
wurde der Preis für das *Sky*-Abo, dank dem ihr hier Fußball live gucken könnt. Almuth hat recht, wenn sie sagt,
die Kneipe sei jeden Abend einigermaßen voll. Wobei die
Betonung leider auf ›einigermaßen‹ liegt. Montags und
dienstags läuft der Laden nicht besonders. Und ich habe
immer so knapp kalkuliert, dass mir selbst nicht viel zum
Leben geblieben ist. Wenn ich nun, und wirklich nicht
leichten Herzens, den Bierpreis erhöhe, dann um sicher-
zustellen, dass ihr auch fürderhin (er redete von »bis in
die ferne Zukunft«, aber ich mag das Wort »fürderhin« so
sehr, dass ich es ihm hier unterjuble) sicher sein könnt, in
der Wildnis allabendlich euer Bier zu trinken, ohne Angst
haben zu müssen, eines Tages vor verschlossenen Türen
zu stehen. Ihr alle seid Berliner. Ihr wisst, was Berlin ausgemacht hat in den vergangenen Jahrzehnten. Es war –
und ist es immer noch – eine geile Stadt und viel zu billig,
in Relation zu ihrer Attraktivität. Uns allen, wo wir nicht
blind und blöde sind, muss klar gewesen sein, dass das auf
lange Sicht nicht so bleiben konnte. Viele Menschen sind
hierhergekommen, um zu bleiben, die Mieten sind explo-
diert, und irgendwann wird in Berlin zu wohnen so presti-
geträchtig und teuer sein wie in Manhattan. Scheiße, wa?
Schwere Zeiten werden kommen. Diese Stadt hat viel zu

oft von sich geschwärmt, für sich geworben, statt besser mal stillzuhalten. Die Wildnis ist eine liberale Kneipe, die selbst Backgammonspieler toleriert, obwohl die weiß Gott nicht viel konsumieren und mit ihrem Würfelgeklapper manch anderem Gast auf die Nerven gehen. (An dieser Stelle seiner Rede war ich nahe am Einspruch, denn ich gebe, glaub ich, mehr Trinkgeld als jeder andere hier.) Die meisten von euch dürften wissen, dass es in Berlin so viele Kneipen gibt wie nirgends sonst. Meine gehört – glücklicherweise – nicht zu den Lokalitäten, die Schwarzgeld für irgendeine Mafia weißwaschen müssen und denen es letztlich egal sein kann, ob sie frequentiert werden oder nicht. Ich habe mich und meine Kundschaft immer als Familie empfunden. Aber Almuth sagt, ich sei kein ehrenwerter Mann. Darauf antworte ich Folgendes: Wer von euch Hartz IV bezieht, zahlt weiterhin eins achtzig für die Flasche Bier. Dafür zahlen alle, die es sich leisten können, freiwillig zwei Euro zwanzig. Das ist mein Angebot, und jetzt hört bitte auf zu mosern!«

Soweit die Rede Mannis. Es war die Rede eines Vaters, der gütig zu geliebten Kindern spricht. Er hatte unsre lethargischen Herzen erreicht, und wir spendeten Beifall, lauthals und lautstark.

Wir Backgammonspieler wissen, was wir an Manni haben. Nicht viele Kneipen können unsereins leiden, denn wir bleiben oft viele Stunden, manchmal ganze Nächte an unsren Brettern sitzen und sind gerne nüchtern dabei. Sonst wird das Gezocke kostspielig, um auch noch dieses schöne Adjektiv unterzubringen.

Einige von uns bestellten in den folgenden Tagen aus schlechtem Gewissen doppelt so viele Getränke wie sonst, meistens Kaffee, dessen Preis sich nicht verändert hatte. Die Stimmung blieb gedrückt. Eines wurde uns wieder klar: Wir leben in einer wunderbaren Stadt, doch jedes Wunder hat seinen Preis. Er wird steigen und steigen. Die Gesetze des freien Marktes regieren selbst im Paradies. Die unmutige Almuth stänkerte noch ein paar Abende, denn ausgerechnet sie bezieht eben kein Hartz IV, sondern die fette Rente ihres toten Gatten. Keiner hörte ihr zu, oder, besser gesagt: Jeder versuchte ihr Genörgel zu überhören. Bis gestern die Sushi plötzlich aufstand und zu singen begann. Zur Melodie von »For he is a jolly good fellow« soprante sie die Zeile: »Denn Manni ist einfach der Beste *(dreimal)*, das ist so klar wie wahr.«

Und der Zauber ging weiter, indem bald alle Anwesenden in den Gesang einstimmten, als wär es ein vorab vereinbarter Flashmob gewesen. Manni reagierte komplett unsouverän. Er stand da, und ihm kamen die Tränen. Er verbeugte sich, um seine Augenpartie zu verbergen. Danach ging alles weiter wie üblich, aber das muss wohl so sein. Banaler Alltag regiert, bis es zu einem neuen Moment kommen kann, den man sich in die Chronik wie anno dutz ins Poesiealbum einheftet. Am Ende ist das Leben eine Abfolge großer Momente, die, zusammengenommen, in Realzeit kaum einen ganzen Tag auf Erden ausfüllen. Bilder für den Film, der angeblich beim Sterben im Zeitraffer abgespult wird.

Das Hässliche an der Geschichte – und es gibt immer etwas Hässliches, an jeder Geschichte – ist, dass Almuth, beleidigt und in ihrer Ehre beschädigt, seitdem die Wildnis nicht mehr frequentiert. Natürlich ist viel Hässlicheres denkbar. Alles Hässliche kann auch schön sein. Es liegt im Auge des Betrachters. Darauf fünf Euro ins Phrasenschwein.

Beinahe ist ein schönes Wort

Heute wäre es in der Wildnis beinahe zu einer Schlägerei gekommen. Präziser gesagt, zu einem Gerangel. Aus dem dann vielleicht eine Schlägerei geworden wäre. Man weiß es nicht genau. Manni ging dazwischen.

Jemand, ich will dessen Namen nicht nennen, hat lautstark Sympathien für die AfD gezeigt. Ein anderer brüllte ihn nieder. Manni stellte sich zwischen die Kontrahenten und brüllte noch lauter. Ob Beinahe-Gerangel oder Beinahe-Weltkrieg ist egal. Im Endeffekt ist nichts Handgreifliches passiert. Außer dass wir anderen etwas einsehen mussten. Auch in der Wildnis gibt es nicht nur Linke, Liberale und Mittige. Ich hatte nie daran gezweifelt. Wer konnte am Prosperieren der AfD zweifeln, vor allem nach Merkels Beschluss, die Flüchtlinge ins Land zu lassen? Eine Entscheidung, die ich mit ganzem Herzen begrüßt habe, auch wenn mir bewusst war, dass etwa dreißig Prozent der deutschen Bevölkerung viel lieber für sich sein wollen. Diese aber wie Aussätzige zu behandeln, wie Vollpfosten und Analphabeten, bedeutet nichts anderes, als sie noch weiter zu radikalisieren, in eine noch rechtere Ecke zu drängen. Vernünftiger schien mir, das Gespräch zu suchen und vielleicht den einen oder anderen zu sensibilisieren und aus nationalistischen oder schlicht egoistischen Denkmustern herauszulösen. Thekengespräche können oft Wunderbares bewirken. Von daher hat das Phänomen AfD auch etwas Positives. Denn viele zeigen nun ihr wahres Gesicht, trauen sich heraus, sagen nur, was sie immer schon gedacht haben. Eine Gesellschaft, die sich in den letzten zwei Jahrzehnten deutlich nach links bewegt hat, ließ nach rechts ein Vakuum entstehen. Eine Partei, die sich geschickter angestellt und ihre rechtsradikalen Knallchargen unter Kontrolle gehabt hätte, hätte leicht noch mehr Prozente beim Wählervolk abgreifen können. Man muss auch einmal sehen, dass die AfD unter Lucke nur eine konservative Protestpartei und durchaus demokratisch war, aber von vielen damals schon radikal genannt wurde. Weshalb und mit welchem Nutzen? Die Folgen hießen Petry, Gauland und nun vielleicht bald Höcke. Wie auch immer, ein Demokrat muss damit leben, dass es Andersdenkende gibt, und warum soll eine Demokratie keine rechte Partei vertragen und aushalten? Alle Politiker, die im Moment noch Koalitionen mit der AfD strikt ausschließen, sind Heuchler, denn sobald die AfD einmal in die Nähe der 20 Prozent gerät, sind Koalitionen praktisch kaum noch zu vermeiden.

Ähnliches gilt für den zwischenmenschlichen Bereich in der Wildnis. Ich spiele mit dem AfD-Wähler weiterhin Backgammon und verwickle ihn in ein Gespräch. Schnell kommt heraus, seine Wut entspringt einer Angst vor gesellschaftlichem Abstieg. Das ist in einer Stadt, deren Mietpreise exponentiell steigen, mehr als verständlich. Und dann mischt sich Ahmed ein, der frisch verliebt ist und vor Selbstbewusstsein nur so strotzt. Seine neue Freundin ist hübsch und zehn Jahre älter als er. Wir sehen uns Fotos an. Eine Lehrerin sei sie, an einer Gesamtschule in Neukölln. Und sie habe von den Syrern in der Klasse geschwärmt. Die seien aufmerksam, lernbegierig, zumeist intelligent und sogar höflich. Im Gegensatz zu vielen anderen. Alle Lehrer seien ganz begeistert von den Syrern.

Ob das eigentlich Rassismus sei, fragt mich Ahmed, wenn man sich über Syrer freut, über Maroks zum Beispiel aber weniger. Ich weiß auch nicht so genau. Jeder Mensch macht Erfahrungen und neigt dazu, diese zu verallgemeinern. Jeder hat seine Vorurteile und Vorlieben, aber wenn sich syrische Flüchtlinge in den Schulklassen vorbildlicher verhalten als andere und wenn das meistenteils so gesehen wird, dann werde man das wohl schon noch sagen und weitergeben dürfen, weil sonst die Political Correctness nichts anderes bedeute als die Verfälschung der Realität oder das Weglassen unliebsamer Fakten. Ich winde mich zugegeben ein bisschen heraus, bemüht, nichts Falsches zu äußern. Irgendeine Volksgruppe lobend hervorzuheben, sage ich, sei vielleicht ein bisschen Rassismus, aber kein bös gemeinter. Fehlte nur noch die Binse von der Goldwaage, auf die man nicht jedes Wort legen muss. Und genau da trat oben erwähnter AfD-Unterstützer neben mich und nannte mich eine feige Sau, die sich nicht mehr traut, frisch von der Leber weg zu sagen, was sie denkt. Der Typ hatte sogar ein bisschen recht, ich geb es zu, die Situation ist schon arg verkrampft, und manche Leute, denke ich, marschieren auch aus diesem Grund bei der AfD mit, weil sie dort sagen können, was sie wollen, sie können es sogar brüllen und kriegen auch noch Applaus dafür.

Hier in der Wildnis hielt sich der Beifall hingegen in Grenzen, sofort kam mir jemand zu Hilfe, und so ergab sich das Wortgefecht, so kam es – beinahe – zu oben erwähntem Gerangel oder Weltkrieg.

Zu viel des Guten

Ahmed kam ins Sinnieren.

»Weißt du«, sagte er, »ich bin inner Kleinstadt aufgewachsen, eigentlich einer Kleinststadt, also fast aufm Dorf, und da gab es genau drei gutaussehende Frauen, und wenn du einer von denen begegnet bist, warste sofort bis über beide Ohren verliebt, und ich meine auf altmodische Weise verliebt, so, dass es richtig schmerzhaft sein kann und man Wochen und Monate damit verbringt, sich Strategien auszudenken, wie man sich der Traumfrau nähert, ohne es bereits mit dem ersten Wort zu verbocken. Ja, und heute leb ich in Berlin, und es ist doch so: Du musst bloß U-Bahn fahren, dann siehst du in der Stunde ungefähr zwanzig Traumfrauen und denkst bei der ersten *toll* und bei der zweiten *toll*, und bei der dritten sagst du nur *hmhmm*, okay, und bei der vierten denkst du dir gar nichts mehr, denn auf ein solches Überangebot an Schönheit reagiert das Gehirn nicht etwa entzückt oder gerät in Ekstase, nein, es stumpft ab, wird gleichgültig – und jemand, der selbst nicht gut aussieht und keinen Schlag bei den Frauen hat, wenigstens nicht bei den *sehr* schönen Frauen, der reagiert sogar frustriert und genervt. Deshalb finden einige meiner Landsleute das Kopftuch nach wie vor gut und sinnvoll, obwohl sie ansonsten ganz moderne Ansichten haben. Hier, und ich meine speziell in Berlin, wird schon sehr viel gezeigt, also zur Schau gestellt, und das ist für einen hässlichen Mann so, als wenn er hungrig und pleite über einen Markt voller Garküchen schlendert. Obwohl – dann schlendert man ja nicht, dann schleicht oder humpelt man eher. Schlendern kann man nicht schlechtgelaunt, oder?«

Ich dachte noch über die Antwort nach, als sich Gabi einmischte und Ahmed fragte, ob er ihr etwa Kleidungsvorschriften machen wolle.

»Denk ich keinen Moment dran«, wehrte sich Ahmed, aber ihn störe halt, dass sich Frauen da anscheinend so wenig Gedanken machten, weder die Hässlichen, die zu viel Speck, noch die Schönheiten, die zu viel Haut zeigen.

»Woher willst du Supacheckerbunny eigentlich wissen, dass sich ›Frau an sich‹ über so was keine Gedanken macht? Und was sind das für Scheiß-Kategorien, Frauen in ›schön‹ und ›unschön‹ zu sortieren?«

Nun muss man wissen, dass Gabi voll in Ordnung ist, aber leicht, zu leicht, in Wallung gerät, sobald sie irgendwas Frauenfeindliches wittert. Und Ahmed ist einer, der nicht eben klein beigibt und eher noch ein Scheit aufs Feuer legt.

»Mensch Gabi, reg dich mal nicht auf, natürlich denken Frauen auch, nur halt lieber an Schuhe oder so.«

Rumms, da ging die Post ab, und Ahmed hatte einen Riesenspaß. Während Gabi die Angelegenheit partout – oder prinzipiell nicht – mit Humor nehmen konnte, aus dem verbalen Scharmützel folgerichtig keinerlei Entertainment bezog.

Manni kam dann und trieb das Spiel wieder mal auf die Spitze. Er meinte, Gabi, als engagierte und demonstrativ lesbisch lebende Frau, solle sich davor hüten, das Stereotyp der humorlosen Lesbe so eins zu eins zu bedienen.

»Wie bitte?«

»Ja, denk doch mal nach! Nachdenken lässt sich lernen!« Manni würde, um Beifall und Gelächter zu ernten, seine Großmutter auf den Strich schicken.

Gabi ist intelligent und gebildet und dennoch zum Beispiel der Meinung, ein Weißer, der Dreadlocks trage, sei ein Rassist, ebenso ein weißer Tenor, der sich als Othello schwarz bemale. Schwule oder lesbische Rollen sollten nur noch von schwulen oder lesbischen Schauspielern gespielt werden, überhaupt müssten Minderheiten immer mit jeweiligen Vertretern dieser Minderheit besetzt werden. Undsoweiter.

Ich finde, das ist Quatsch und völlig überzogen, es ist Raubbau an der Freiheit der Kunst und der Entfaltung der Persönlichkeit, es widerstrebt der Idee vom Austausch der Kulturen, im Einzelfall lässt es sich vielleicht diskutieren, aber zum Prinzip erhoben werden darf es niemals. Denkt man es weiter, wird es schnell absurd. Außerdem gibt es weiß Gott Wichtigeres. Und das Wichtigste überhaupt scheint mir, dass die unter echter Diskriminierung Leidenden nicht plötzlich als kleinmütige Nörgler dastehen, womit eine an sich gerechte Sache ins Lächerliche gezogen wird. Die Diskussion um die sogenannte »Kulturelle Aneignung« geht den meisten Leuten einfach nur auf die Nerven, ist einer jener hybriden Auswüchse, der einer an sich guten Sache einen Bärendienst erweist.

Es ist dabei doch ganz einfach: Alles ist erlaubt, solange dahinter keine böse Absicht steckt. Dann darfst du dich als Frau oder als Mann verkleiden, als Indianer, als Muslim oder sogar als Schornsteinfeger.

Grobtrottel

In der Wildnis wurde gestern über Grobtrottel diskutiert. Also nicht über Typen, die treppensteigenden Frauen grundlos in den Rücken treten, das passiert ja doch eher selten. Sondern über die sanftere Form der Gedankenlosigkeit bis hin zur absichtsvoll-boshaften Widerborstigkeit. Ist in Berlin ja immer ein Thema.

Zum Beispiel komme ich grade von einem Backgammonturnier aus dem wunderschönen Prag zurück, wo es in der superpünktlichen Metro sehr lange und schnelllaufende Rolltreppen gibt. Aber keinen einzigen Rolltreppenlinkssteher. Anders als hier, wo immer einer rumsteht und einem den Weg versperrt, wenn man es eilig hat, das ist dann entweder ein doofer Tourist oder so ein typischer Berliner Arsch mit Schnauze, der da steht, weil – würde er sagen – »das Gesetz mir det erlaubt und wer bist du'n überhaupt?«

Oder nehmen wir den Fall, den Lina neulich erlebt hat, als ein schwarzer Basecapträger so breitbeinig neben ihr saß, dass sie ihn bat, die unteren Extremitäten zusammenzunehmen und sich nicht an ihr zu reiben. Woraufhin er sie als weiße Rassistenfotze beschimpfte. Oder nehmen wir den Fall von grad eben, als ich auf der Postbank eine Überweisung tätigen wollte. Es gibt in meiner Filiale nur einen Automaten dafür. Und an diesem Automaten steht seit einer Viertelstunde ein und dieselbe Frau in schon etwas vorgerücktem Alter und braucht etwa zehn Sekunden, um eine Ziffer oder einen Buchstaben einzutippen. Sie hat wahrscheinlich alle Überweisungen des letzten halben Jahres gesammelt und erledigt sie nun eine nach der anderen. Nach zwanzig Minuten frage ich sie höflich, ob es bei ihr noch länger dauern werde. Ich könne ja noch ein paar Einkäufe erledigen und später wiederkommen. Und diese Frau, die eigentlich schon was gelernt haben sollte im Leben, blafft mich an, ich solle sie in Ruhe lassen, ich sähe doch, dass sie mit ihren schlechten Augen ein bisschen länger brauche. Ja, klar, aber unter rücksichtsvollen Menschen macht man nach der dritten Überweisung mal Pause und lässt den Nächsten ran, vor allem, weil ich der Einzige bin, der da wartet, und sie danach sofort wieder dran wäre.

Natürlich könnte ich auch über ganz tolle Dinge berichten, die ich in dieser Stadt erlebe, von höflichen, hilfsbereiten und rücksichtsvollen Menschen. Aber die Begegnungen mit Grobtrotteln prägen sich eher ein, wobei es sich meist nicht um professionelle Grobtrottel handelt, sondern um solche, die sich ihres Treibens mehr oder minder nicht bewusst sind. Wie jene Typen, die sich, obwohl hinter ihnen eine lange Schlange steht, von der Frau am Fahrkartenschalter zum dritten Mal erklären lassen, welche Streckenführung sie denn noch als Alternative für den Trip nach Rügen im nächsten Frühjahr anbieten könne. Wenn man sie darauf hinwiese, würden sie mit Unverständnis reagieren, sie hätten doch nur nett zu der Bahnbeamtin sein wollen, oder hätten keine Ahnung gehabt, dass es auf der Welt noch andere gibt als sie selbst. Ich versuche, in dieser Hinsicht etwas mehr Gelassenheit an den Tag zu legen, nachsichtiger und humorvoller zu sein. Geduld war noch nie meine Stärke, und wenn man in dieser Stadt mit konstruktiver und respektvoll vorgetragener Kritik an den Falschen gerät, bekommt man schnell was auf die Nase. Aber es ärgert mich einfach, wie grausam manche Mitmenschen mit uns umgehen, zum Beispiel die korpulente Dame in der U7, die kilometerweit nach Moschus-Parfüm stinkt, fast so schlimm wie der Bettler mit dem vereiterten Fuß, der jeden noch so vollen Waggon binnen Sekunden entleeren kann, einfach, weil er einsteigt. Mein Gefühl sagt mir, dass es schlimmer geworden ist, vielleicht, weil es enger geworden ist in Berlin. Oder weil immer mehr Menschen die Hemmungen über Bord werfen, die man ihnen früher anerzogen hat.

Da gibt es zum Beispiel diesen Typen am Bahnhof Warschauer Straße, der da stundenlang seine Kreise zieht und singt. Ein etwa dreißigjähriger hagerer Mann mit langen blonden Haaren, er singt laut und schlecht, keine Melodie ist zu erkennen, und etwa alle fünfzehn Sekunden brüllt er den Menschen an, der zufällig seinen Weg kreuzt, mit einem furchterregenden Laut, geknurrt, gegurgelt und gerülpst. Wer dran gewohnt ist, weiß, dass nichts Schlimmeres geschieht, aber wer diesen akustischen Angriff zum ersten Mal erlebt, erschrickt doch sehr. Nun würde man denken, naja, das ist halt ein Fall für die Klapse, aber iwo. In einem besonders mutigen Moment hab ich den Menschen mal gefragt, was er damit bezweckt, und völlig überraschend hat er, leicht betrunken zwar, aber durchaus artikuliert, geantwortet. Er sagte, der Spaß koste ihn keinen Cent, er genieße die entsetzten Reaktionen.

»Entgleisende Mimik! Ja! Aus dem Tritt gebrachte Fratzen, ja. Geil, Mann! Aus dem Tritt und aus dem Trott. Entgleiste Blicke! Yo, Mann!«

Ob er sich damit nicht auch mal was eingefangen habe, frage ich.

»Nein, Mann, das ist genau wie in dem alten Film, *Rumble Fish* mit Mickey Rourke, sie halten dich für verrückt, und der Verrückte ist außerhalb der Norm, ist unantastbar. Probier's mal aus! Die schwersten und brutalsten Kerle, die dich locker umhauen könnten, zucken zurück, weil sie denken, du bist stulle. Das gibt dir ein tolles Gefühl. Narrenfreiheit! Du wirst total entspannt und traust dich alles. Yo!«

Es gibt in der deutschen Sprache meines Erachtens kein Wort, das all das zusammenfasst, was ich in diesem Moment fühlte: Ablehnung, Ekel, Erstaunen, aber auch ein bisschen Neid, sogar Bewunderung.

Blaues Papier

Heute hat sich Olga, das ist die rothaarige Ukrainerin mit den Riesenglocken, darüber aufgeregt, dass es bei *Real* kein blaues Klopapier mehr gibt. Das könne ja nicht sein, nur ordinäres, ödes weißes Klopapier.

Ich frage, warum brauchst du blaues Klopapier? Sie sagt, das gebe bessere Farbkontraste mit Rotbraun, aber das sei ja auch einerlei, im Prinzip gehe es darum, dass sie das blaue Klopapier geliebt habe, es sich aber im Sortiment offenbar nicht habe durchsetzen können. Immer wenn sie irgendwas toll finde, jammert Olga, könne sich das nicht durchsetzen und werde vom Markt genommen, eine Sauerei sei das.

»Olga«, sage ich, mit nur ein klitzeklein wenig Ironie in der Stimme, »du bist eben jemand, der einen erlesenen Geschmack hat, du musst immer damit rechnen, dass der Pöbel leider anders entscheidet, das ist nun mal so.«

Ach, das hört sie gern und wirft mir einen Blick zu, als dürfte ich sie heute Abend mit nach Hause nehmen.

»Apropos Rotbraun!« Mir fällt ein, dass ich mich neulich ähnlich aufgeregt habe, als die Senfmarke Maille den rotbraunen Bourgogne-Senf aus dem Sortiment nahm. Das war die weltbeste Senfsorte für Buletten, die man sich vorstellen kann. Natürlich bin ich sofort online gegangen, um zu gucken, wo ich davon denn noch Restbestände bestellen kann. Und – nüschte. Es klingt komplett irre, aber es findet sich tatsächlich im ganzen Netz kein Foto mehr vom Bourgogne-Senf von Maille, ganz so, als habe diese Sorte nie existiert! Und da heißt es immer, das Netz vergisst nicht. Richtig unheimlich war das.

Wenn einer der Leser da draußen zufällig noch diesen Senf im Schrank haben sollte, gebe er bitte Bescheid. Ich würde eine beträchtliche Summe für ein Glas davon ausgeben.

Dann mischte sich Almuth ein, die leidenschaftlichste Stänkerin vor dem Herrn. Was uns denn einfalle, uns hier über die Farblosigkeit des Klopapiers und das Verschwinden einer Senfsorte zu mokieren, wo die Menschen in Aleppo und an anderen Orten der Welt durch die Hölle gehen.

Boah. Im ersten Moment schwiegen wir, Olga und ich, weil, hmm, ja, weil man nicht so leicht weiß, was man darauf sagen soll. Da kommt irgendwas zusammen, das nicht zusammengehört. Ich musste mich zusammennehmen, um Almuth eine reflektierte Antwort zu geben, musste die Verhältnisse aber auch für mich erstmal klären. Denn es geschieht ja nicht eben selten, dass man mit einer solchen Kollision der Sphären konfrontiert wird, einer Art pathetischer Überstülpung. Klingt nicht besonders toll, aber mir fällt nichts Besseres ein, und für Menschen wie Almuth existiert auch noch kein so recht passendes, griffiges Wort.

Also. Die einen haben Pech im Leben, die anderen haben Glück, und am Ende müssen alle sterben. Bis dahin sollte man froh um jede ruhige Minute sein und das Leben feiern und die schönen Dinge, dazu gehören unter anderem auch Senf und Klopapier, und solange wir den Syrern helfen, müssen wir deswegen nicht solidarisch in Sack und Asche gehen. Punkt. Das ungefähr ist es, was ich hätte sagen sollen.

Olga ist aber was anderes eingefallen, sie ist rüber zu Almuth und hat deren Bierglas in einem Zug ausgetrunken. Das hört sich jetzt erstmal unverhältnismäßig an, doch schließlich ist niemand körperlich zu Schaden gekommen.

Almuth ist daraufhin zu Manni gerannt und hat sich beschwert, weil Olga ihr Bier ausgetrunken hat. Manni, der Almuth nicht leiden kann, bittet Olga um eine Stellungnahme. Olga sagt mit ihrem fiesen ukrainischen Akzent, dass sie nicht habe mitansehen können, wie diese geifernde Schlampe, die vom Geld ihres toten Mannes lebt, Bier säuft, während die Leute in Aleppo verdursten. Außerdem wollte sie ihr mal zeigen, wie das ist, wenn etwas, das man mag, plötzlich nicht mehr da ist.

Dann flogen die Fetzen, aber nicht lange, weil Almuth ungefähr nur so viel wiegt wie eine von Olgas Brüsten. Manni stellte Almuth ein neues Bier hin und drohte beiden eine Woche Hausverbot an, wenn sie sich nicht wieder vertrügen. Danach wurde über die Videoüberwachung in der Innenstadt diskutiert. Almuth ist selbstverständlich dagegen, weil das ein Vorbote des totalitären Staates sei und gefährlich, wenn eine undemokratische Partei an die Macht komme.

Olga sagte, wenn das passiere, sei die undemokratische Partei ja an der Macht, und die Kameras könne man ohnehin im Nu aufstellen, und nur Vollidioten und Taschendiebe könnten einen Grund haben, gegen die Videoüberwachung zu sein. Almuth habe demnach zwei.

Rumms.

Das Urteil

Die Wildnis ist ja nun mal eine Raucherkneipe. Es gibt unter ihren Besuchern niemanden, der sich mit Zigarettenrauch komplett unwohl fühlen würde. Umso geschockter waren vor zwei Wochen die Reaktionen auf das Urteil des Amtsgerichts Lichtenberg, das einer Frau verbot, nach abends um acht auf ihrem Balkon zu rauchen. Geklagt hatte der Nachbar von oben, der sich vom aufsteigenden Rauch gestört fühlte. Kompletter Irrsinn sei das, sagte Müdervater, wohin sei es mit der Welt gekommen, dass so eine Klage von einem Gericht überhaupt angenommen werde, dass der Name dessen, der so eine Klage in die Welt setze, in der Zeitung zu lesen sei, als handele es sich gar noch um einen heldenhaften Zeitgenossen. Und die Krönung des Ganzen sei dieses unglaubliche Urteil des Gerichts, das einen Menschen mit Ordnungsgeld von 250 000 Euro, ersatzweise sechs Monate Haft bedrohe, der auf seinem eigenen Balkon nicht ganz zwanzig Zigaretten pro Tag geraucht habe. Woher wir das wissen? Der klagende Nachbar hatte exakt Buch geführt. Mit Minutenangaben. Richtig gruselig.

Die ganze Geschichte wirkt ausgedacht genug, und als ob die schräge Parallelwelt noch nicht schräg genug wäre, wurde in einer auflagenstarken Berliner Tageszeitung sogar noch per Pro und Contra darüber diskutiert – das sei das wahrscheinlich Erschreckendste an der ganzen Sache, meinte unsre Ukrainerin Olga, die die Deutschen sowieso schon für etwas durchgeknallt hält. Wenn der Gesundheitswahn in der Bevölkerung schon so weit gediehen sei, dass Gerüche, die gerade mal ein trainierter Lawinenhund wahrnehmen könne, ernsthaft als potentielle Belästigungen diskutiert würden, als Belästigungen, groß genug, um die Freiheit des Individuums in einem derartigen Ausmaß zu beschneiden, dann sei das ein Alarmsignal, sagte jetzt Rudi, und es wurden Forderungen laut, diesen Kläger nachts aufzusuchen und es wie einen Unfall aussehen zu lassen.

Die Debatte kam in Fahrt, es wurden viele Witze gerissen, und es wurde viel gelacht, aber dieses Lachen enthielt auch Spuren von Verzweiflung. Die Raucher fühlen sich auf den Schlips getreten. Stinkesauer sind die ob der staatlichen Bevormundungen und der Anti-Rauch-Propaganda, die in ihrer Überzogenheit ans Groteske grenzt. Sich auf jeder Packung unästhetische Bilder verfaulter Zähne, schwarzer Lungen oder kürzlich verstorbener Tabakkonsumenten ansehen zu müssen, dazu überall den Warnhinweis *Rauchen ist tödlich* zu lesen, der, sagt unser kettenrauchender Rollstuhlfahrer Johann, in dieser Form nun mal demagogischer Quatsch sei, denn das Leben an sich verlaufe in den allermeisten Fällen tödlich, und wer das Risiko eingehe, Genussgifte gleich welcher Art zu sich zu nehmen, der bekomme definitiv etwas dafür, während die Verkürzung der eigenen Lebenszeit nur eine *eventuelle* Konsequenz sei. Und ohne die hohen Steuern, die die Raucher zahlten, wäre dieses Land pleite, also solle man als Raucher die Stirn hoch tragen und alle Nichtraucher fortan wie eklige Sozialparasiten behandeln undsoweiter undsofort, die Rede war von faschistoiden Restriktionen mit unmittelbarem Einfluss auf die Kneipenkultur, vom zwangsgesundeten Volkskörper, an dem der Führer seine Freude gehabt hätte, vom Widerstand, den man nun endlich in Gang setzen müsse, bevor es zu spät sei. Die Emotionen schaukelten sich ziemlich hoch, die Gesichter wurden röter und röter, die Stirnen verschwitzter, und ich wusste plötzlich genau, wie das gewesen sein muss, damals in Paris, am 14. Juli 1789, als eine wütende Menge auf die Straße lief in Richtung Bastille.

Der Sozialist in uns

Neulich kam mal wieder Rolle vorbei, unser Selfmade-Millionär mit der großen Klappe. Jeder gönnt ihm die Kohle, aber er sollte weniger damit angeben. Dass er damals diese Online-Firma beziehungsweise App entwickelt und sie nach zwei Jahren Arbeit für zwei Millionen verkauft hat, war reines Glück. Rolle indes stellt es als Errungenschaft seines brillanten Intellekts dar. Und prompt erzählte er davon, wie er vor einigen Monaten mal 5 000 Euro, er nannte das »ein bisschen Spielgeld«, in Bitcoins gesteckt habe, inzwischen seien daraus 150 Mille geworden, die habe er jetzt eingecasht, der Bitcoin-Rush sei vorbei, sogar der Pöbel sei auf den Zug aufgesprungen, Leute, die eigentlich nicht spekulieren sollten, weil sie zu wenig Geld haben. Leute also, die dauernd kaufen und wieder verkaufen, kleine Gewinne mitnehmen und kein echtes Risiko eingehen. Deshalb zittere sich der Bitcoin-Kurs jetzt fest, gehe mal rauf, mal runter, bevor die Blase dann aufgrund irgendeiner Panikreaktion endgültig zusammenkrachen werde, wenn nämlich alle mitbekommen hätten, dass sich damit nicht mehr viel verdienen lasse.

Ich könnte jetzt viel erzählen, aber die simple Wahrheit lautet: Niemand gönnt Rolle diese Kohle, fast jeder hier findet es nicht in Ordnung, auf diese Weise reich zu werden. Der Sozialist in uns sagt, dergleichen sollte es nicht geben in einer anständigen Welt. Die Wahrheit lautet aber auch, dass wir neidisch sind auf Rolle und alles ganz anders sehen und beurteilen würden, wären wir selbst auf diese Weise reich geworden.

Jeder von uns hätte vor sieben Jahren für fünf Euro Bitcoins kaufen und Fantastilliarden verdienen können. Man hört es an jeder Straßenecke, es ist der Jaul-Hit der Saison, gefolgt vom Dauerbrenner »Hätt ick ma vor zehn Jahren ne Wohnung in Kreuzberg gekooft, ick war so doof ...«

Wenn ich drüber nachdenke, finde ich diese Bitcoin-Sache tröstlich und irgendwie poetisch. Früher gab es für arme Menschen ohne besonderes Talent, ohne ausgeprägten Fleiß nur die Lotterie, um ihrem programmierten Schicksal mit irrwitzig viel Glück einen Streich zu spielen. Im Jahre 2010 hingegen, oder, seien wir ganz großzügig, anno 2015 von Bitcoins schon mal gehört zu haben und diese Kryptowährung als interessante Option für die Zukunft einzustufen, dazu bedurfte es keines besonderen Glücks oder Talents. Man hatte davon gehört. Die allermeisten von uns, geben wir es doch zu, waren schlicht zu faul, sich mal eine halbe Stunde Zeit zu nehmen, ein Konto zu eröffnen und fünf Euro einzuzahlen. Deswegen jaulen jetzt alle und schimpfen auf Großmaul Rolle, oder den Teufel, der wieder einmal auf den größten Haufen geschissen hat.

Rolle weiß genau, wie weit er gehen darf, er spürt, wann die Antipathien laut und physisch bedrohlich werden, doch bekommt er den Haufen hassender Neider leicht in den Griff, indem er eine Lokalrunde spendiert oder auch mal zwei.

Prompt fressen ihm alle aus der Hand, lassen ihn hochleben für den Moment.

»Gibt es eines Tages eine Welt«, frage ich Johann, »in der die Rolles ausgeprahlt haben, weil Karrieren wie die seine gar nicht erst möglich sind? Was meinste?«

»Na, weißte«, sagt Johann, »die meisten Menschen sind nun mal geborene Angeber, und was willste Rolle genau vorwerfen, wenn er hier ein bisschen auf Großmax macht und den Betrieb ankurbelt. Zwischen der Utopie einer fairen Gesellschaft und einem Freigetränk wähle ich das Freigetränk.«

Johann, unser kleinwüchsiger Rollstuhlfahrer mit der Kodderschnauze, hat eine warme Bleibe, eine Behindertenrente und keine sehr hohe Lebenserwartung. Dem ist Geld ziemlich egal, mit mehr davon könnte er wenig mehr anfangen. Er jammert nie, hat vor nichts Angst, lebt, so gut es geht, nimmt mit, was kommt, und freut sich daran. Wenn man auf irgendwen hier neidisch sein müsste, dann eher auf ihn. Was er natürlich als kompletten Schwachsinn abtun würde.

Die Segnung

Heute wurden die Gäste der Wildnis gesegnet.

Agnes Consuela, selbsternannte Würdenträgerin des Traumreichs Serpentopolis, bot eine kostenfreie Segnung der Kneipe an, samt eventueller Begegnung mit der Gottheit Gaja Navara. Weil uns versprochen wurde, dass die Prozedur keinerlei negative Nebenwirkungen haben könne, ließen sich fast alle darauf ein, bis auf die Gecko, die das nicht mit ihrem christlichen Glauben vereinbaren konnte und den Wirtsraum kopfschüttelnd verließ, dabei laut »Mumpitz!« und »Kinderkacke!« rief, so als würde sie widerborstigen Deppen überlebenswichtige Informationen zukommen lassen. Naja.

Agnes Consuela ist eine alkoholsüchtige Veganerin, die anstrebt, sich alsbald nur noch von Licht, Wodka und Wasser zu ernähren, außer im Winter, wenn sie auf Pellkartoffeln mit Petersilie und Leinöl schwört. Sie trägt ein Fantasiekleid aus himmelblauer Seide ohne was darunter, geht barfuß, außer im tiefsten Winter, wenn sie Hanfsandalen und Bambussocken zwischen sich und die Härte der Welt schiebt. Sie nennt sich Hohepriesterin ihrer Gottheit, was nach großer Karriere klingt, doch die Wahrheit ist: Gaja Navara besitzt nicht sehr viele Supporter auf diesem Planeten. Außer Agnes Consuela hat kaum jemand je von ihr gehört. Es ist sogar wahrscheinlich, dass Agnes diese Gottheit erfunden hat. Gaja Navara agiert nämlich, behauptet Agnes, meistenteils subterran, als lesbische

Göttin, die masturbierenden Frauen Lust verschafft und Männer auf der Welt höchstens als notwendiges Übel für den Zuchtbetrieb duldet. Agnes Consuela genießt Respekt unter den Trinkern der Wildnis, denn sie kann in einer halben Stunde zehn Wodka trinken, ohne dass sie mit ihrer etwas schrillen Stimme zu lallen beginnt. Zuweilen, wenn sie eine Hitzewallung bekommt, wirft sie ihr Seidenkleid von sich und sitzt nackt am Tresen, wobei sie sich lüsterne Blicke verbittet und solche, falls sie doch vorkommen, mit beißendem Spott kommentiert.

Also segnete sie uns, zündete Mandel-Kokos-Duftkerzen an, besprengte uns im Namen ihrer Divina mit Licht und Wasser (das Licht war im Wasser aufgelöst). Wobei wir uns das Ganze so vorstellen sollten, als konzentriere sich die gutwillige Gottheit im Raum, werde zum Auge und sehe uns ins Oberstübchen. Wenn wir die Gaja akzeptierten, würden die Infertilen unter uns zeugungsfähig werden, die Depressiven glücklich, die Idioten klug und die Müden wieder frisch. Wer hätte das nicht ausprobieren wollen? Für umme. Und sei es nur aus Höflichkeit einer älteren Dame gegenüber.

Agnes ist der Prototyp einer neuen, gereiften Pippi Langstrumpf, die sich die Welt genau so macht, wie sie sie anders gar nicht ertragen kann. Dafür erntet sie erstaunlich wenig Spott, im Gegenteil, sie wird als eigenartig und originell im besten Sinne betrachtet, und weil sie Yoga betreibt, sieht sie für ihr Alter deutlich jünger aus.

Noch vor ein paar Jahrzehnten wäre jemand wie Agnes in der Psychiatrie gelandet, obwohl ihr Projekt doch rundherum amüsant und unterstützenswert ist. Ich finde, wer unbedingt eine Religion braucht (Gläubigkeit an höhere gütige Mächte hilft angeblich der Gesundheit), sollte sich diese immer selbst gestalten, nach eigenen Bedürfnissen.

Ist ganz bestimmt vernünftiger, als blind zu glauben, was sich vor tausenden Jahren ein paar sonderbare alte Männer in der Wüste ausgedacht haben.

»Agnes«, frage ich, »wie sieht sie denn übrigens aus, deine Gottheit?«

Darauf sie: »Woher soll ick'n det wissen? Hat sich mir noch nie vorgestellt.«

Ach so. Ich frage weiter: »Aber woher weißt du dann, welche Regeln sie für die Menschen aufstellt?«

Agnes Consuela guckt mich mitleidig an und sagt: »Mensch, Helmut, das ist ne Göttin! Keine Behörde! Du gehst ja auch nicht zu'n Ameisen uff der Wiese und verkündest denen Gebote, oder etwa doch? Ja, das sähe dir ähnlich!« Sie lacht mich aus.

»Aber Agnes«, frage ich, »warum verehrst du nicht einfach Licht und Wasser? Die hättens doch ganz zweifelsfrei verdient.«

»Na klar«, sagt sie, »tu ich doch. Gaja Navara klingt halt büsch'n geiler.«

Kanackenfascho

Ahmed, der Dachdeckerlehrling, hat seinen Gesellenbrief bekommen und allen eine Runde Bier spendiert. Wie sich das gehört. Nur die schwangere Gecko musste ablehnen, sie leidet für ihr Kind Höllenqualen, hat ihren Zigarettenkonsum auf vier Stück pro Tag reduziert und sieht für eine werdende Mutter untypisch missmutig drein. Warum sie überhaupt noch in die Wildnis kommt, wo das ihr verbotene Bier rundumher in schicken Gläsern golden glänzt und sie in den Wahnsinn treiben muss, ist jedem ein Rätsel. Vermutlich hat sie nur hier Freunde, mit denen sie ihr Verlangen nach zwischenmenschlicher Kommunikation stillen kann.

Wobei – wenn man sich so umhört, gibt es in der Wildnis niemanden, der sich aus freien Stücken als ihr Freund bezeichnen würde. Gecko mosert praktisch an allem herum, mischt sich in jedes Gespräch, und eben, als der mustergültig in die deutsche Gesellschaft integrierte Ahmed wegen seines Gesellenbriefes beklatscht wurde, vergiftete sie die Luft mit der überflüssigen Frage, wie Ahmed eigentlich in Sachen Erdoğan gestimmt habe. Plötzlich ist es still geworden, und Ahmed kaute lange auf seiner Unterlippe herum, bevor er zur Antwort gab, das gehe die hier Anwesenden einen Scheißdreck an. Womit er, so der Umkehrschluss der meisten Anwesenden, indirekt praktisch zugab, mit Ja zur Diktatur gestimmt zu haben, sonst hätte er darum doch kein Gewese machen müssen.

In der Wildnis, das versteht sich von selbst, hat Erdoğan nicht viele Freunde oder gar Fans. Zum denkbar unpassendsten Zeitpunkt wurde auf den jungen Ahmed enormer Meinungsdruck ausgeübt, sich gefälligst passend zu äußern. Dies jedoch hat er verweigert, prompt war die festliche Stimmung verdorben. Ich fand das unglaublich impertinent. Viele nippten an von Ahmed spendiertem Bier und wollten zugleich von ihm wissen, wie er, der in Deutschland aufgewachsen sei und die Vorteile der Demokratie doch geflissentlich verinnerlicht haben sollte, derart vom gebotenen Pfad abweichen konnte. Wütend schmiss er einen Fuffi auf den Tresen und verließ das Lokal. Gecko rief ihm ein Schimpfwort hinterher, das für neue Empörung sorgte. »Kanackenfascho«. Ein, sagen wir mal, origineller Begriff. Aufwühlend, irgendwie. Da brannte die Luft. Etwas, quasi alles, lief aus dem Ruder, und ich befürchtete bereits, Ahmed zum letzten Mal in diesem Lokal gesehen zu haben.

Doch zwei Stunden später kam er wieder und gab zu Protokoll, er habe über Erdoğans Reformen weder mit Ja noch Nein abgestimmt, die Sache sei ihn nichts angegangen, da er sich inzwischen mehr als Deutscher fühle und das eine rein innertürkische Angelegenheit sei. Sich festlegen zu müssen, auf eine der Wildnis angenehme Position, habe er als Frechheit und Zumutung empfunden, als Einbruch in seine Privatsphäre. Manche schienen von seiner Rede beeindruckt, ich meine, welcher noch ganz junge Mann stellt sich hin und formuliert so was?

Andere murrten immer noch und meinten, er habe nur eine Ausrede gesucht, aber das Thema wurde schnell gewechselt, wohl auch weil man vom Thema allgemein übersättigt war.

Nur Gecko gab partout keine Ruhe, sie fragte laut, warum das eine rein innertürkische Angelegenheit sein solle. Sie wurde von Manni gebeten, doch mal für fünf Minuten die Klappe zu halten, woraufhin sie mit Türenknall fortissimo verschwand. Sushi neben mir meinte, dass man vor zehn Jahren eine solche Repolitisierung der Gesellschaft noch herbeigesehnt, ja, gar nicht für möglich gehalten habe. Nun aber tue ein wenig Entspannung not, zu viel Lagerdenken führe zu zwischenmenschlichen Eiswüsten. Und Trotzreaktionen. Mit Argumenten und Empathie müsse man auf den Gegner zugehen. Ohne arrogant im Besitz der einziggültigen Wahrheit zu sein und somit weisungsbefugt. Das habe noch nie zu etwas Gutem geführt. Fand ich komplett richtig, sprach mir aus dem Herzen, aber inzwischen waren Gabi und Sonja eingetroffen und widersprachen ihr heftig. Argumente, ja okay, aber Empathie? Hallo? Das sei doch wohl deutlich zu viel verlangt.

Der Abend war gelaufen, endete mit einer elektrisch geladenen, gleichwohl beklemmenden Atmosphäre, und Manni ließ über die Lautsprecher alte Songs von Neil Young laufen, quasi wie einen dröhnenden Mantel des Schweigens.

Kartoffelsalat

Manni macht einen ausgezeichneten, nicht zu fetten Kartoffelsalat. Die hübsche Lina schwört, wenn sie abnehmen will, auf Mannis Kartoffelsalat. Der sei ohne Zucker zubereitet, und ohne Zwiebeln, die sie schlecht vertrage. Sie habe, erzählt sie, jüngst einen Bummel durch die Supermärkte der Hauptstadt gemacht und nach Kartoffelsalat ohne Zwiebeln gesucht. Jibbetnich.

Unglaublich, aber wahr: So viele Menschen vertragen keine Zwiebeln, lieben aber Kartoffelsalat – und kein Mensch hat bisher diese Marktlücke erkannt. Da meldete sich Rolle und meinte, Kartoffelsalat ohne Zwiebeln sei einfach schwer denkbar. Kartoffel und Zwiebel, das sei das älteste Ehepaar der Lebensmittel, in Sizilien habe man sich jahrhundertelang von nichts anderem ernährt, Kartoffel und Zwiebel gehörten zusammen wie Pommes und Ketchup oder Laurel und Hardy.

Da wurde Manni ein bisschen sauer. »Du findest also, dass mein Kartoffelsalat nur so ein Pseudo-Kartoffelsalat ist, oder was?« Rolle ruderte zurück, er habe ja nur auf die Tradition hingewiesen, mehr nicht. Tradition wiege schwer, Tradition sei die Beinfessel aus der Vergangenheit. Oder so. Rolle hat Erklärungen für alles. Angenommen, man produziere einen zwiebelfreien Kartoffelsalat für eine gesellschaftliche Randgruppe, dann müsse man, um diese marketingtechnisch zu erreichen, die vermeintlichen Vorzüge des speziell entworfenen Kartoffelsalates anpreisen. Auf der Packung müsse fett stehen: *Garantiert zwiebelfrei*. Das, so meinte er, klinge aber irgendwie seltsam, denn an der Zwiebel als solcher hafte kein gesellschaftlich relevant zu nennender Makel, wie beispielsweise an Fleisch oder Lactose oder Glutamat.

»Es gab Zeiten«, warf Lina ein, da sei Fleisch begehrenswert und makellos gewesen, bevor der Erste zum Vegetarismus konvertierte. Man müsse einfach mal anfangen, und das gelte für alles.

»Natürlich«, meinte daraufhin Rolle, »an allem muss heutzutage rumgemäkelt werden. Alles wird in Zweifel gezogen, alles hinterfragt. Bis wir alles zerredet haben und paranoid geworden sind und nichts mehr einfach gut finden können.«

Naja. Sich selbst wird Rolle immer gut finden, da besteht für mich kein Zweifel. Lina schlug vor, dass Manni seinen Kartoffelsalat, der mit Balsamicotrüffelessig gemacht ist, in Serie produzieren und auf dem Markt verkaufen solle, er könne doch als Kartoffelsalat für stillende Mütter deklariert werden, denn der Makel an der Zwiebel ist die Blähung. Schrieb ich mir sofort auf, den Satz. *Der Makel an der Zwiebel ist die Blähung.* Beinahe Heidegger. Bald hatten wir über eine halbe Stunde über Kartoffelsalat geredet, es schien, als ob die meisten von uns grad keine gravierenderen Probleme hätten. Passend dazu las ich in der Zeitung, dass es den Deutschen so gut gehe wie lange nicht, und mir fällt ein, dass neulich im Badezimmer mein kaputter Boiler ab- und der neue anmontiert werden sollte. Ich auktionierte das – und es meldete sich vier Wochen lang kein einziger Handwerker. *Keiner.* Nicht mal ein Pole, der tausend Euro schwarz hätte fordern können.

Vier Wochen ohne Warmwasser, weil sich die Handwerker zu fein sind. Manno.

Neulich ging ich zur völlig ausverkauften Philharmonie und hoffte auf ein Zufallsticket für Mahlers Vierte Symphonie. Und bekomme zufällig mit, wie jemand zwei überzählige Karten ausgerechnet an einen der professionellen Dealer verkauft. Ich geh zu dem Dealer hin und sage, okay, du hast die Karten eben für fünfzig gekauft, ich kauf sie dir für sechzig ab. Wie lautet seine Antwort?

»Wir sind doch nicht zum Spaß hier!« Lacht, stellt sich hin und bietet die Karten für hundertzwanzig an, wird sie prompt auch los.

Na, uns geht's schon einigermaßen gut, ja. Rolle hat Lina dann noch gefragt, ob er ihr einen ausgeben darf. Lina, sonst keine uneinnehmbare Festung, rümpft die Nase und sagt: »Nee, hab ich nicht nötig. Nicht nach dem Vorgespräch.«

Mitfühlen

Wer seine Stammkneipe als Wohnzimmer empfindet, verliert nie den Boden unter den Füßen, sagte jüngst Manni, dessen Sentenzen manchmal so bedeutungsschwanger wie inhaltsleer, ja rätselhaft daherkommen. Den konkreten Anlass bietet Folgendes: Rumpels Freundin hat mit ihm Schluss gemacht, und er sucht Zuspruch und Trost. Keiner von uns wusste, dass Rumpelchen überhaupt eine Freundin hat. Ich hab ihn schon mal erwähnt, er ist ein armer dünner Mann um die fünfunddreißig, der sich pro Abend nur ein Bier leisten kann und deshalb im Rucksack immer eine Flasche billiges Sternburg mitbringt, um sich heimlich was nachzugießen.

Von einer Freundin hat Rumpel nie was erzählt. Bis heute. Dass Jutta mit ihm Schluss gemacht hat. Per WhatsApp.

Er zeigt uns ein Foto. Jutta ist um die vierzig, etwas moppelig und hat viele Sommersprossen. Und am Henkel ihrer Handtasche hängt eine Diddl-Maus. Womöglich total tolle innere Werte, aber so von außen betrachtet, naja.

»Sieht schick aus«, sag ich. »Wie lange hattest du die denn?«

»Zwei Jahre«, sagt er. Sie sei seine erste längere Beziehung gewesen, und jetzt habe sie ihn plötzlich, Knall auf Fall, satt.

»Nanana! Das erste Mal Schluss machen mit WhatsApp«, meint die rote Olga, »zählt nicht. Einfach nicht reagieren.

Die ist noch nicht fertig mit dir, die kommt wieder. Einfach warten und nichts tun und nichts sagen. Deeskalieren, schweigen. Dann kommt sie unter irgendeinem Vorwand an. Oder sie kommt nicht. Passiert, in seltenen Fällen. Dann ist es eben aus, aber wenigstens *weißt* du dann, dass es aus ist.«

Olgas angenehmer russisch-ukrainischer Akzent wirkt aufmunternd auf Rumpelchen, ich sehe deutlich, wie sein Gesicht leicht entspannt.

»Woran liegt oder lag es denn?«, frag ich ihn, und er druckst herum und meint naja und soso und lala, und am Ende schiebt er alles auf sein geringes Einkommen und denkt, die Jutta mag ihn nicht mehr, weil er ihr so selten Geschenke machen kann. Ich sag ihm, dass man Frauen immer was schenken könne, und zwar zufällig genau das, was wenig koste und ihnen am allerwichtigsten sei, nämlich Aufmerksamkeit – und wenn es doch etwas Reales sein müsse, dann bloß keine Schnittblumen, die welken nach drei Tagen, und die Jutta werde die schlaffen Pflanzen immer mit ihm in Verbindung bringen.

»Kauf ihr lieber ein Zitronenbäumchen. Das hält bei richtiger Pflege Jahrzehnte, da hängt, selbst im tiefsten Winter, was Knallgelbes dran, das macht ihr gute Laune, und sie wird mit dieser guten Laune an dich denken. Todsicherer Tipp. Warum hast du Jutta denn nie mal mitgebracht in die Wildnis?«

»Na hör mal«, raunzt er mich an, »von welchem Geld denn? Ich müsste sie ja wohl einladen, und ich müsste …« Er stockt, will nicht weitersprechen, aber es ist ganz klar, er würde sich vor Jutta schämen, wenn er sich die Flasche Sternburg ins leere Glas kippt. Der Abend würde ihn nicht mehr zwei Euro fuffzig kosten, sondern acht, plus Trinkgeld ganze neun.

Rolle, der herzlose Millionär, würde jetzt zu ihm sagen, Mensch, geh doch nach Indien! Mit den paar Kröten, die hier nicht viel wert sind, kannste dort passabel leben. Und ne andere Kultur lernste nebenbei auch kennen.

Rolle hielte das wahrscheinlich für einen äußerst cleveren Tipp und würde es vielleicht sogar gut meinen. Aber Rumpel gehört zu Berlin, der wird nie woanders heimisch sein. Er wirkt selbst hier schon ziemlich hilflos. Warum er keine Arbeit findet, obwohl er zwei Arme hat, auf zwei Beinen stehen kann und unter vierzig ist, weiß ich nicht, geht mich aber auch gar nichts an. Jeder hat das Recht, Arbeit für sich abzulehnen. Wird Zeit für ein bedingungsloses Grundeinkommen. Eine Frau ist dabei aber nicht automatisch enthalten, und ich brüte die ganze Zeit über der Frage, wie Rumpel es geschafft hat, jene Diddl-Maus-Jutta zwei Jahre bei der Stange zu halten. Vielleicht hat er einen gewissen Humor, den er nur mit ihr teilt. Oder hat erotische Qualitäten, die man in ihm so prima vista nicht vermuten würde. Oder sonstwas. Manche Frauen sind ja schon zufrieden, wenn sie einen gutmütigen Kerl finden, der sanft ist und zuhört und die Teller abtrocknet.

»Na Augenblick mal!«, sagt Olga zu mir. »Du tust so, als ob das wenig wäre. Im Gegenteil, das findet man äußerst selten!«

»Echt wahr?«

»Echt wahr. Schreib Rumpel doch ein Liebesgedicht für seine Jutta. Ist für dich doch ein Klacks!«

»Würd ich ja machen, aber das nimmt sie ihm doch nie ab. Oder täusch ich mich, Rumpelchen?«

»Nee, haste recht, det käm schon ziemlich überraschend, also, so von mir. Und det wär mir auch irgendwie peinlich.«

»Wieso peinlich?«

»Naja, erwachsene Männer, die Gedichte schreiben, also weißte ...«

»Vorsicht! Ganz dünnes Eis!«, rufe ich.

»Ich spendier dir'n Schnaps!«, sagt Olga und massiert Rumpel die Schultern.

Das ist Berlin. Man ist, wo man sich kennt, weitestgehend mitfühlend. Man lässt den Hut rumgehn für ein Zitronenbäumchen.

Kommt Rudi von hinten und sagt: »Gib mir doch mal die Nummer von dieser Jutta, ich leg sie mir zurecht, und danach dann behandel ich die so schlecht, dasse sich in Kürze nach dir zurücksehnt! Versprochen!«

Auch das ist Berlin. Mitfühlend gibt es hier halt in zart bis grob.

Der Dieb

Thilo ist traurig, weil sein fünfzehnjähriger Sohnemann beim Klauen erwischt wurde. Dabei habe er ihn doch unbedingt zu einem guten Menschen erziehen wollen. Thilo ist der Latzhosenträger mit den splissigen Haaren, der, um die Welt zu einem besseren Platz für dich und mich zu machen, Salat in den Prinzessinnengärten anbaut, einer kleinen Brache am Moritzplatz, die von Anwohnern zu einem ökologischen Gartenprojekt mit Café und Schankbetrieb umfunktioniert wurde und inzwischen zum beliebten innerstädtischen Ausflugsziel geworden ist.

Was er denn geklaut habe, frage ich.

»Bücher.«

»Bücher? Im Ernst? Was denn für Bücher?«

»Na, so Lyrikbände in einer Buchhandlung.«

»Ach komm, du verarschst mich doch, Thilo!«

»Nee, mach ich nicht, es ist, wie es ist, mein Sohn hat Gedichte geklaut.« Er wirkt immer noch verzweifelt.

»Also, das finde ich wirklich nicht schlimm, darüber solltest du sogar irgendwie glücklich sein. Vielleicht wird noch ein Schriftsteller aus ihm. Weißt du, wer früher Schriftsteller werden wollte und aus keinem betuchten Hause kam, der musste klauen, um vor dem zwanzigsten Geburtstag all die Bücher gelesen zu haben, die man nicht nur gelesen, sondern auch ständig zur Verfügung haben muss.«

»Echt? Welche sollen das sein?«

»Ungefähr tausend. Welche genau, ist letztlich egal, man lernt aus allen. Und solang ein angehender Lyriker nur in Buchhandlungen klaut, finde ich das nicht so verwerflich. Hauptsache, er stiehlt nicht aus öffentlichen Bibliotheken, dann nähme er der Allgemeinheit was weg. Buchhändler dagegen sind versichert.«

Thilo fragt mich, ob ich auch geklaut hätte.

»Wie ein Rabe!«, sage ich, obwohl es so schlimm gar nicht war. Ich bin ja der Meinung, dass Leute, die nicht so viel Kaufkraft besitzen, ein Recht auf Gratis-Literatur haben. Aber für alle gilt das eben nicht. Meine Einnahmen sind empfindlich geschrumpft, seitdem es jedes meiner Bücher schon am Erstverkaufstag irgendwo illegal downzuloaden gibt. Ich hoffe, es gibt posthum eine besonders heiße Hölle für all diese kurzsichtigen Piraten, die wahrscheinlich noch glauben, der Menschheit einen Dienst zu erweisen.

Thilo hört sich das an und fragt, wie es um den Beruf des Autors zurzeit so bestellt sei. Ich beginne mein übliches Lamento, dass Lesungen auch nicht mehr viel einbringen, seit gefühlt jeder zweite Zeitgenosse schreibt und teils für lachhaftes oder gar kein Honorar vorzulesen bereit ist, nur um auf dem hoffnungslos überfüllten Markt noch ein Plätzchen für sich zu finden. Nein, die goldenen Zeiten, resümiere ich, sind vorbei und werden nicht so schnell wiederkehren.

»Aha. Sachma, Helmut, würdest du mal mit ihm reden?« Thilo ist nah an mich rangetreten, was mir etwas unangenehm ist, wegen der vielen Schuppen auf seinen Schultern.

»Ich? Mit deinem Sohn? Dass er künftig nicht mehr klauen soll?«

»Nein, dass er auf keinen Fall zum Lyriker wird. Weil die goldenen Zeiten, wie du ja sagst, vorbei sind. Er soll nicht auf den falschen Weg geraten.«

»Was jetzt? Ich soll ernsthaft einem jungen Menschen ausreden, einen wunderschönen Beruf zu ergreifen? Damit er nicht endet wie ich?«

»Wunderschön ist er ja nur, wenn man zu den ganz ganz Wenigen gehört. Beruf ist es strenggenommen auch keiner. Und Lesen, also so zur Unterhaltung – sei doch mal ehrlich –, Lesen ist doch bald vorbei. Gelesen wird noch in der U-Bahn, weil das WLAN der BVG so scheiße ist und an jeder zweiten Station ausfällt. Wenn dieses Problem erstmal flächendeckend behoben ist, hat das Smartphone gewonnen. Das ist Evolution, mach dir nichts vor, auch wenn du bis zur Verrentung vielleicht so grade noch durchhältst. Nein, ich will einfach, dass mein einziger Sohn mal was Anständiges lernt, was Handfestes, mit goldenem Boden, möglichst was mit Natur und so.«

An dieser Stelle hab ich mich nochmal umgesehen im Raum und nach der versteckten Kamera gesucht. Aber da war keine. Auch wenn Thilo sonst so gern behauptet, sie seien schon überall, und ihnen entgehe nichts.

Das Kontingent

Vor drei Monaten etwa hat Gecko ihre Kinder bekommen. Zwillinge, beide männlich.

Gestern war sie zum ersten Mal wieder in der Wildnis und hat sich ein Bier gegönnt. Das erste seit einem halben Jahr. Was, weil sie noch stillt, zu Diskussionen geführt hat. Egal.

Fahrt kam in die Sache, als Johann, unser an Progerie leidender Rollstuhlfahrer, ihr mit den Worten gratuliert hat: »Dann hast du ja dein Kontingent in einem Wurf ausgeschöpft!«

Wie er das meine – »ihr Kontingent« –, wollte Gecko wissen.

Ich fasse kurz zusammen: Johann wollte zum Ausdruck bringen, dass Gecko nur *einmal* habe Schmerzen erleiden müssen, um *zwei* Kinder zur Welt zu bringen, was okay sei. Mehr Kinder seien aber *nicht* okay, sondern eine Belastung für die Erde. Johann drückt sich leider manchmal etwas undiplomatisch aus, er verlässt sich aus langjähriger Erfahrung darauf, dass niemand ihn, den kleinwüchsigen Rolli, verhaut, darum lässt er es bei seiner Wortwahl an Sorgfalt mangeln, was viele an ihm aber auch sehr erfrischend finden.

So hat er, und das der erzkatholischen Gecko gegenüber, Kinder, wenn man so will, als Umweltverschmutzung bezeichnet. Und hat das verteidigt. Wer aktiv etwas für den Planeten tun wolle, müsse kinderlos bleiben, alles andere bedeute eine Umweltverschmutzung, die auch durch keine noch so durchdachte und ökonomische Lebensführung wettgemacht werden könne. Wer mehr als zwei Kinder in die Welt setze, vergrößere das Problem, das der Planet mit der Seuche Menschheit habe, sogar noch.

Gecko lachte an dieser Stelle schrill, etwas zu schrill, als sei sie mit einer höchst absonderlichen Meinung konfrontiert worden, die man anders als mit schrillem Gelächter gar nicht kommentieren könne. Und da platzte Johann der Kragen, denn zufällig hatte er sich am Abend zuvor im Kino *The Party* angesehen. In dieser etwas überzeichneten, mittelmäßigen, von der Kritik hoch gelobten Komödie äußert sich eine Lesbe ganz ähnlich: Babys seien in den seltensten Fällen einem Wunder entsprungen, sondern in diesem Fall einer Petrischale – und zu viele Babys stellten für den Planeten letztlich eine Bedrohung dar. Und wie hatte das Publikum im Saal reagiert? Mit genau jenem demonstrativ schrillen Protestgelächter etlicher Frauen, die anscheinend nicht im Traum daran dächten, eine derartige Sichtweise als vernünftig und längst bitter notwendig anzusehen.

Es gebe ja sogar, sagte Johann, jede Menge Idioten, die kinderlosen Paaren vorwerfen, Egoisten zu sein und Parasiten der Gesellschaft, wo doch das genaue Gegenteil der Fall ist, selbst das Problem der ungenügend gefüllten Rentenkassen werde mit neuen Kindern ja nur auf die nächste Generation delegiert, nicht aus der Welt geschafft. Man könne schließlich nicht immer weiter delegieren, wenn die Erdbevölkerung weiter derart wachse. Inzwischen lebe bereits jeder zehnte Mensch, der jemals gelebt hat, heute. Aus den sieben Milliarden lebender Menschen sollen, so die Prognosen, binnen zwei

Jahrzehnten elf Milliarden werden. Die könne der Planet nicht länger ernähren, nicht mal mit Soylent Green (die Jüngeren können das googeln), es werde zu großen Kriegen kommen, zu Zwangsmaßnahmen, zu gewalttätigen Regulierungen, zu einem großen Abschlachten, zur Hölle auf Erden.

Ich brauche kaum zu erwähnen, dass es, hier und heute, erst mal zum Streit kam.

Gecko warf Johann vor, aus seiner Behinderung eine Tugend zu machen. Johann meinte, das sei Quatsch, er sei sehr wohl fortpflanzungsfähig, wenn er es unbedingt drauf anlegen würde. Und dann nannte Gecko den Johann einen Menschenfeind, weil er zum Kindermord aufrufe, und Johann nannte die Gecko eine Faschistin, weil sie Mütter über Frauen stelle.

Viele im Lokal redeten von da an mit, denn gerade eben hatten Neonazis in den USA eine bei einer Anti-Nazi-Demonstration getötete Frau als für die Gesellschaft sinnlos und irrelevant bezeichnet, weil die Zweiunddreißigjährige noch keine Kinder in die Welt gesetzt hatte. Bald redeten alle durcheinander und gingen vom Reden zum Brüllen über. Und dann, wie einen letzten Trumpf, holte Gecko ihr Handy hervor und zeigte Bilder ihrer Bübchen herum. Hallelujah. Sie sahen in etwa aus, wie fast alle Babys aussehen. Irgendwie unförmig und nichtssagend. Aber die Frauen in der Wildnis, Lina, Gabi, Olga, Sophie, Almuth, kriegten sich gar nicht mehr ein vor Niedlichkeitsbekundungen, und so sollte es in einer zivilisierten Gesellschaft ja auch sein, das nennt man Höflichkeit. Ich fürchte leider, ihre Begeisterung war gar nicht gespielt, sondern echt.

Johann und ich, wir zwei stolzen, umweltbewussten Kinderlosen, wendeten uns ab und redeten über Filme und korrupte Kritiker.

Über Freiheit

Sophie, die Künstlerin, die kleine Collagen herstellt und sie für fünfzehn Euro auf der Straße verkauft, hat sich neulich am Tresen betrunken und laut ihr Leid geklagt. Ihr langjähriger geheimer Liebhaber Fred will sie verlassen beziehungsweise muss sie verlassen, weil Freds Gattin in seinem Handy erotische Nachrichten an und von Sophie entdeckt hat.

Sophie war selbstverständlich stinkesauer, weil Fred ihr stets hoch und heilig versprochen hatte, alle anzüglichen SMS postwendend zu löschen. Ansonsten aber habe Fred ihr nie etwas versprochen, schon gar keine Scheidung. Sophie habe nichts in der Hand und stehe, vielmehr: sitze nun da wie »benutzt und aussortiert«. So ihre eigenen Worte. Nur wegen Freds Leichtsinn und Schusseligkeit. Immer sei es das Gleiche. Aus Sentimentalität oder Faulheit löscht man ein, zwei alberne Nachrichten nicht, und die formschönsten und bestfunktionierenden Kartenhäuser kämen zum Einsturz.

»Deshalb muss ich mich jetzt besaufen!« Sophies Stimme klang trotzig und düster.

Wir anderen tranken ein wenig mit, um unsre Solidarität und Empathie zum Ausdruck zu bringen. Nach und nach kam heraus, dass jener uns unbekannte Fred anscheinend ein toller Liebhaber war und Sophie über Jahre hinweg auch finanziell großzügig unterstützt hat. Von »benutzt« konnte da eigentlich nicht die Rede sein, zumal Sophie die heimliche Beziehung aus freien Stücken eingegangen war.

»Was heißt denn hier aus freien Stücken?« Sophie protestierte. »Ich war total verliebt, da ist man nicht frei im Kopp, nee, Jungs.«

Mir gefiel diese Logik nicht, mit der sie sich partout zum Opfer erklärte, und schließlich kam heraus, was Sophie an der Sache am meisten bedrückte: Nicht der Verlust des tollen Liebhabers war es, sondern der Umstand, dass sie sich nun eine Arbeit suchen müsse und nicht länger *freie Künstlerin* sein dürfe. Prompt entbrannte eine Debatte über den Begriff »Freiheit«, denn einige fanden es absurd von Sophie, sich selbst als »freie Künstlerin« zu bezeichnen, wenn sie doch vom Geld ihres Liebhabers abhängig gewesen war.

»Mensch, Jungs, ich hab gemacht, zu was ich Lust gehabt hab, das is meine Definition von Freiheit, janz einfach. Und jetzt muss ick mir ne Arbeit suchen.«

Es gibt sehr viel Tragischeres auf diesem Planeten, aber weil Sophie ganz gut aussieht, landeten viele Handteller auf ihren Schultern, wurde sie mit vielen hohlen Phrasen getröstet, kaum schließt sich eine Tür, geht anderswo eine auf, jedem Anfang wohnt ein Zauber inne, und in der Not wächst das Rettende auch. Ja, von Hesse bis Hölderlin ging das Getröste, das bald in ein Gebalze und zuletzt in ein Geaasgeiere überging.

Johann, der Rollstuhlfahrer mit der spitzen Zunge, meinte: »Du bist doch noch kross, da kommt bald ein anderer.« Boah, das war auf den Punkt, aber Sophie nahm es ihm nicht weiter krumm. Erstens war sie schon ziemlich am Schwanken, zweitens hat Johann hier so eine Art Hofzwerg-Funktion und darf so gut wie alles sagen.

Sophie trank bis um drei Uhr morgens, bis sie sich auf den Tresen erbrach. Manni, statt sauer zu werden, weil er das aufwischen musste, spendierte ihr in vollendeter Ritterlichkeit ein Taxi nach Hause. So etwas gibt es also noch.

Jene drei jungen Männer aber, die den Abend über bis zuletzt ernsthaft erwogen hatten, die lallend lamentierende Sophie abzuschleppen, die gab es leider auch. Manni musste sie am Kragen packen, um zu verhindern, dass sie mit Sophie ins Taxi stiegen. Nie hat Fremdscham mir so wehgetan.

»Ich bring sie nach Hause und pass auf, dass nix passiert«, sagte ich, und Manni antwortete: »Nee, du bleibst hier, genau wie die drei Bengel. Sophie kommt schon gut alleine klar.«

Das war eine Bevormundung im Kasernenton, gewiss, so etwas zu verfügen, stand ihm nicht zu, aber irgendwie musste ich schmunzeln, denn Manni hatte recht, man kann niemandem vertrauen, nicht einmal mir, und als Wirt hat er sich zu hundert Prozent fürsorglich und vorbildlich verhalten. Das unterscheidet den Wirt in deiner Stammkneipe von irgendeinem robotoesken Dienstleister am Zapfhahn.

Heute dann hat Sophie Entwarnung gegeben. Freds neugierige und eifersüchtige, aber zum Glück auch gutmütige Gattin habe ihm verziehen, Fred habe ihr theatralisch geschworen, künftig nicht mehr untreu zu sein, alles sei wieder gut und wie bisher.

Die Spanier

Spanische Touristen sind sehr laut. Das mag eine unge-
hörige Verallgemeinerung sein, aber es fällt nicht nur mir
auf, dass, wenn in einer Kneipe, einem Bus, auf einem
Obstmarkt oder sonstwo, besonders laut geredet wird, es
oft die spanische Sprache ist, die den Ton angibt. Und wie
laut diese Spanier lachen. Hat man das Pech, am Nachbar-
tisch zu sitzen, wird es schnell gesundheitsgefährdend.
Niemand weiß, warum Spanier so laut sein müssen. Vielleicht sind die Alten bei ihnen da unten schwerhöriger als
sonstwo, sollen aber bis zuletzt an allen Details des Lebens teilhaben? Vielleicht wurden früher in Spanien An-
führer nach gemessener Lautstärke gewählt? Man weiß
es nicht so recht. Heute jedenfalls hatten sich vier Spanier
in die Wildnis verirrt. Sie tranken das preisgünstige Bier
und erzählten sich Geschichten überkreuz. Gleichzeitig.
Diverse Geschichten. Der einen Geschichte hörten sie anscheinend mit dem linken Ohr zu, der anderen mit dem
rechten. Und brüllten ihre Antworten erst nach links,
dann nach rechts, woraufhin sie in ein schallendes Gelächter ausbrachen. Es gab keine Zehntelsekunde Pause
oder gar Stille. Wir Backgammmonspieler verständigten
uns nur noch per Fingerzeichen. Und endlich platzte
einem von uns der Kragen, dem alten Sigi nämlich, der
ansonsten ein toleranter, etwas schluffiger Zeitgenosse
genannt werden kann. Sein Mund steht immer offen, er
hat milchweiße Haut und rote Augen wie ein Kaninchen.

Euphemisierend könnte man ihn als Querdenker bezeichnen. Egal.

Er stand auf, ging hin zu den Spaniern und bat um Zimmerlautstärke, hier werde Geistessport betrieben. Die vier allesamt bärtigen Spanier verstanden ihn nicht. Jemand musste übersetzen. Sie verstanden auch dann nicht. Man musste es ihnen erklären. Sie lachten laut und verteidigten sich damit, dass dies hier eine Kneipe sei, eine, wo man Bier trinken und rauchen dürfe, da sei es doch wohl normal, dass man sich unterhalte, mitunter auch mal etwas exaltierter. Und man könne doch niemandem das Lachen verbieten. Was seien denn hier für Spießer unterwegs?

Tarantino würde an dieser Stelle dräuend bedrohliche Musik unter die Szene legen, irgendwas in Sechzehnteln, mit viel Bass und schlecht gestimmten Geigen.

Sigi hat nämlich mal, vor hundert Jahren, irgendwas mit den RAF-Terroristen zu tun gehabt, hat ihnen geholfen, ein paar von ihnen versteckt oder so, und wenn man ihm mit einem Wort nicht kommen darf, ist es das Wort »Spießer«. Da versteht er keinen Spaß.

Ich sah bereits eine Schlägerei am Horizont heraufdämmern, denn die Spanier klangen sehr abfällig und aggressiv, machten sich über Sigi lautstark lustig, als habe er nicht alle Tassen im Schrank. Was im Grunde ja stimmt, aber das konnten sie nicht wissen. Dann zog Sigi die Waffe. Eine Pistole, eine Walther, glaube ich. Manni bekam das mit, sprang über den Tresen und meinte zu den Spaniern, sie sollten jetzt lieber ganz schnell die Biege machen, er wolle hier nicht stundenlang was Dunkelrot-Klebriges aufwischen müssen. Dann fügte er hinzu, dass dies ein bisschen mehr als nur ein Ratschlag sei, denn er sei hier der Mensch, der das Sagen habe. »And this Sigi here was a terrorist once and now is a crazy guy who was in the madhouse, you know, and he is very fastly beleidigt. So go and don't make any errors!«

Die Spanier zogen erstaunlich kleinlaut ab, bezahlten sogar noch ihre Rechnung, und als sie eine Viertelstunde später mit zwei Polizisten zurückkamen, stießen sie auf eine gewisse gelassene Reserviertheit.

Ein Polizist fragte, ob hier heute Abend jemand eine Waffe gezogen habe. Wir schüttelten alle belustigt den Kopf über eine solche Abwegigkeit, ja, und wir lachten ein wenig. Ganz leise. Ansatzweise amüsiert. Es war so schön.

Sigi befand sich längst auf dem Heimweg, wir schickten ihm später eine SMS, dass die Luft wieder rein ist und er zurückkommen kann.

Die Frau mit Eiern

Zurzeit motzen sie alle. Das fällt schon auf. Ihre Gesichter hängen irgendwie schräg herab und lächeln kaum noch. Vor zehn Jahren war das ganz anders, da konnte hier in der Wildnis jeder nicht oft genug betonen, wie säuisch wohl er sich in der Hauptstadt fühlt. Das war, bevor die Mieten und Immobilienpreise nach oben knallten. Und zurzeit wird besonders viel gemosert über die Berliner Politik. Egal, um was es geht, beinahe jeder tut so, als wäre Berlin in den letzten Jahrzehnten ausnahmslos von Idioten regiert worden, parteiübergreifend. Die Leute in der Wildnis sind nicht gut zu sprechen auf die Macht. Manche sagen sogar, dass sie bald die Koffer packen müssen, wenn es so weitergeht.

Die Bevölkerung ist innerhalb weniger Jahre um 400 000 Menschen gewachsen, hinzu kommen immer neue Touristenströme. Weil offenbar Tegel nicht offengehalten werden wird, ungeachtet eines gültigen Volksentscheids, müsse, sagt Müdervater, doch wenigstens endlich mal ein alternativer zweiter Flughafen geplant werden. Um dann in zwanzig Jahren oder so eröffnet zu werden. Aber nichts geschehe. Sehenden Auges gehe man auf eine verkehrstechnische Katastrophe zu. Gabi meint, seitdem es die nicht funktionierende Mietpreisbremse gibt, ist ihre Miete dreimal überproportional erhöht worden. Aber die asiatischen Garküchen im Preußenpark, eine der originellsten und preisgünstigsten Sehenswürdigkeiten der

Stadt, wie gemacht für die Völkerverständigung, für die kleinen Leute am Sonntag, sollen angeblich geschlossen werden.

Thilo regt sich auf, weil er sein Apartment in Kreuzberg nicht als Ferienwohnung vermieten darf, wenn er im Sommer auf seiner Datsche in der Uckermark wohnt. Die kleinen Läden im Kiez würden verdrängt, während die Politiker zusähen, nein nicht mal zusähen, eher wegschauten. Der Zustand der Schulen sei erbärmlich. Drogenhändler und Taschendiebe gehen allen auf den Sack. Aber die hoffnungslos unterbesetzte Polizei aufzustocken, das kommt niemandem in den Sinn. Stattdessen werde die Polizei jetzt unterwandert von Mitgliedern arabischer Verbrecher-Clans. Heißt es. Gebetsmühlenartig wird behauptet, dass das erste, was dieser Senat auf die Tagesordnung gesetzt habe, genderneutrale Toiletten oder Pissoirs für Frauen gewesen seien. Undsoweiter undsofort, schnell brodelt der Topf, und die Runde ergeht sich in bitterem Lachen.

Wenn man diese Stimmungslage betrachtet, muss man heilfroh sein, dass die AfD bei der Wahl nicht noch besser abgeschnitten hat. Olga fasst es ziemlich krass zusammen: Berlin bräuchte endlich mal einen Politiker, beinahe egal welcher Partei, aber einen echten, unverfilzten Macher, einen Typ mit Intelligenz, Tatkraft, Charisma – und Eiern.

Lesbe Gabi stand sofort auf und fragte, warum das nicht auch eine Frau sein könne. Und Olga lacht ihr ukrainisch-gutturales Lachen und meint, klar könne das auch eine Frau sein. Eine mit Eiern halt. Am besten ein Diktator. Eine Diktatorin. Nur eben in »gut«.

Olga bekam weniger Kontra als gedacht, und ich kramte in meinem inneren Geschichtsbuch, ob es jemals »gute«

Diktatoren gegeben hat. Natürlich, wenn die Zeit lang genug ist, gibt es beinahe alles, das besagt das Gesetz der Serie. Nach dem berühmtesten der guten Diktatoren ist die Stadt Cincinnati benannt. Aber kann es ernsthaft sein, dass Menschen mit ausreichend Schulbildung, trotz aller Erfahrungen des zwanzigsten Jahrhunderts, sich so bald schon wieder nach einem »Macher«, gar einem »Führer« sehnen?

Sagen wir mal so: Die Zeiten, in denen manche Dinge unvorstellbar schienen, gehen gerade vorüber. Wir leben heute schon lange nicht mehr in den Jahrzehnten nach dem Zweiten Weltkrieg, wir leben also in den Zeiten *vor* irgendetwas anderem.

Wie Rolle neulich sagte:

»Noch vor Kurzem hätte man behaupten können, es sei doch äußerst unrealistisch, dass sich in der heutigen Zeit ein bedeutender, hochentwickelter Staat, ein NATO-Mitglied noch dazu, zu einer von weiten Teilen der Bevölkerung bejahten bis bejubelten Diktatur entwickelt.«

Aber die Wesensart des Shits, so Rolle weiter, sei nun einmal, dass er happens. Ein Unglück komme selten allein, die Kette sei nur so stark wie ihr schwächstes Glied, und wir alle, die wir sinnlos herumlümmelten, hätten schon unverschämt viel Glück gehabt mit dieser unglaublich langen europäischen Friedensperiode. Danach zitierte er den Titel eines alten Buchs und Films: *Hunde, wollt ihr ewig leben?*, das soll der alte Fritz seinen fliehenden Soldaten zugerufen haben, nachdem sie die Schlacht von Kolin gegen die Österreicher verloren hatten. Prüft man es bei Wikipedia nach, findet man, Friedrich der Große habe nicht von Hunden, sondern von Rackern gesprochen.

Ihr Racker, wollt ihr ewig leben?

»Das klingt«, sagte ich, »viel unheimlicher als in der Hundeversion. ›Racker‹ ist definitiv kein Wort, das auf ein Schlachtfeld gehört.«

»Da haste recht, Helmut, aber die Französische Revolution hat schließlich auch ihre Kinder gefressen, nicht ihre Haustiere.«

»Mensch, Rolle, du lässt ja heut die letzten Minen springen, bin beeindruckt.«

»Biste nicht. Tust nur so. Aber wir alle tun ja nur so. Wir tun gar nix. Ihr armes Pack könnt nix tun – und ich – bin zu faul. Gute Nacht!«

Der Hosenstall

Berlin ist sicher eine der gefährlichsten Großstädte Europas. Aber die, die dort leben, gewöhnen sich daran. Es ist ja auch abwechslungsreich. Man bekommt mit, wie ein Junkie sich nachmittags um vier auf der Verkehrsinsel einen Schuss setzt, man sieht, wie direkt neben dem Sportplatz eine nicht mehr ganz junge Frau ihrem Begleiter einen Blowjob angedeihen lässt, und so was geschieht nicht etwa im Slum, sondern auf der Gneisenaustraße im eher schick-bürgerlichen Teil von Kreuzberg.

Man gewöhnt sich an lautstarke bis handfeste Auseinandersetzungen, an Überfälle auf Spätis, an Schusswechsel zwischen den arabischen Clans, an den Methadon-Treff in der U-Bahnstation und an die Taschendiebe, wegen derer man die wertvollen Sächelchen nur noch in den vorderen Hosentaschen trägt. Man hat gelernt, die Umgebung feinfühliger abzuchecken, um schneller reagieren zu können, wenn's wieder mal prickelt und funkt ringsum. Mag sein, man wird sogar etwas übervorsichtig. Natürlich nicht alle.

Es gibt Menschen, die setzen sich Kopfhörer auf, glotzen in ihr Smartphone und kommen total unbelangt durch den Tag. Vielleicht ist das die richtige Masche, wer weiß?

Ich persönlich ziehe es vor, möglichen Konflikten aus dem Weg zu gehen, statt von einer Situation überrumpelt zu werden. Zum Beispiel liebe ich es, wenn ich den dicken Mann mit der blauen Gitarre rechtzeitig entdecke und den Waggon noch schnell wechseln kann, bevor er viel zu laut und schlecht Gitarre spielt, nur um die Mitreisenden hinterher zu beschimpfen, weil sie ihm kein Geld oder zu wenig geben. »Geiz ist geil!«, schreit er dann, mit seinem britischen Akzent, statt sich mal hinzusetzen und zu lernen, wie man besser spielt und singt. Oder wenigstens leiser. Nur so ein Beispiel. Dasselbe gilt für den Bettler mit dem vereiterten Bein, dessen Erwähnung mir schon mal einen kritischen Leserbrief eingebracht hat. Ich solle mich mal nicht so haben, hieß es da, das sei ein tragischer Fall, der Mitleid verdiene, kein Naserümpfen.

Wer mir so einen Bullshit erzählt, hat diesen Bettler, der natürlich mein vollstes Mitleid verdient, kein einziges Mal erlebt. So roch es einst auf dem Schlachtfeld – etwa sechs Tage danach. Es ist kein Geruch, es ist ein physischer Angriff, und ein Mensch kann noch so viel Pech gehabt haben, aber wenn er in einen Waggon einsteigt, dessen Insassen danach um Luft ringen oder ihrem Brechreiz nachgeben, dann handelt es sich um einen boshaften Menschen.

Gestern machte ich mich bereit, den Notarzt zu rufen, denn ich sah einen Totschlag voraus. Das kam so: In der vollen U7 Richtung Spandau steht ein junger Araber, Anfang zwanzig, hört Musik über Kopfhörer. Okay, es muss nicht unbedingt ein Araber gewesen sein, aber ich lass das jetzt mal so. Vor ihm ein älterer deutscher Herr, Anfang sechzig, der beugt sich zu dem Araber und spricht ihn an. Niemand bekommt mit, was der ältere Herr will – und der Araber reagiert nicht. Der Herr spricht ihn noch einmal an, diesmal etwas lauter, sodass die Umstehenden hören können, was er sagt. »Dein Hosenstall ist offen!«

Der Araber tut, als hätte er nichts gehört, obwohl ich sicher bin, dass er verstanden hat. Es hat kurz in seinen Augen geblitzt, und ich dachte, gleich passiert da was.

Ich sah mir den älteren Herrn an, dachte, was will der? Ist das ein Nazi, der provozieren möchte? Er sagt noch mal und richtig laut: »DEIN HOSENSTALL STEHT OFFEN!«

Jetzt erst nimmt der Araber die Ohrstöpsel heraus und fragt, ebenfalls ziemlich laut: »WAS WILLST DU?«

»JUNGE, DEIN HOSENSTALL STEHT OFFEN!«

Ich seh noch mal hin. Der Mann ist dem Akzent nach Schwabe, hat weißes dünnes Haar, zum Pferdeschwanz gebunden, und trägt eine Latzhose. Im Waggon ist es jetzt ganz still, alle warten, was passiert, keiner lacht. Der junge Araber sieht wütend, aber auch verzweifelt aus, er sagt: »ICH WEISS, MANN!«

Ich an seiner Stelle wäre längst ausfällig geworden.

Der Schwabe: »UND DEN HOSENSTALL ZUMACHEN IST KEINE ALTERNATIVE FÜR DICH?«

»NEIN!«

In diesem Moment öffnen sich die Türen, der Araber steigt aus, und seine Begleiterin, vielleicht seine Schwester oder so was, beugt sich zu dem Schwaben und sagt: »Er weiß es doch, er weiß es nur zu gut, der Reißverschluss ist kaputt, wird bald repariert.«

Da lacht der Schwabe, ein bisschen erleichtert, ein bisschen doof, und es wird allen deutlich, dass er es mit dem Jungen wohl irgendwie gut gemeint hat. Selbst wenn er ihn dafür vor allen Leuten bloßstellen musste. Ich wollte erst zu ihm hingehen und was zu ihm sagen, doch letztlich bringt das nichts, er kommt aus einer anderen Welt, und wenn er sich länger in Berlin aufhält, wird er schnell hinzulernen. Außerdem näherte sich schon wieder der Typ mit der blauen Gitarre.

Der Frugalist

Frugal bedeutet soviel wie einfach und bescheiden, und sogenannte Frugalisten sind Menschen, die derart sparsam leben, dass sie mit vierzig aufhören können zu arbeiten, um fortan von ihrem Erspartem zu leben.

Irgendwie hielt ich das Ganze für eine Erfindung der Medien, doch wie sich jetzt herausgestellt hat, gibt es auch unter der Klientel der Wildnis einen Frugalisten, selbst wenn der die Vokabel bisher gar nicht kannte.

Es handelt sich um unseren Latzhosenträger Thilo, den Salatjunkie und Kleingärtner.

Thilo zählt inzwischen fünfundvierzig Lenze und ist vor Kurzem nach Hohenschönhausen-Nord gezogen, wo er in einer winzigen Butze noch relativ günstig leben kann. Seine Kreuzberger Einzimmerwohnung hat er für teuer Geld verkauft. Ungefähr seit zwanzig Jahren hat er nur Leitungswasser getrunken, ist nie mit Freunden essen gegangen oder ins Kino, geschweige denn Theater oder Oper. Er hat Reis und Nudeln in preiswerten Zwanzig-Kilo-Säcken gekauft, nie Fleisch gegessen, seinen Hanf in einer Waldaue angebaut, und Bücher hat er sich aus der Stadtbibliothek geholt, so lange, bis immer mehr davon in Kisten auf den Gehsteigen auf neue Besitzer hofften. Sein Handy hat einem Freund gehört, der es nicht mehr brauchte. Seine Kleidung entstammt Second-Hand-Läden, in seiner Bude gab es und gibt es immer noch keinen Fernseher, nur ein altes Transistorradio. Der einzige Luxus, den er sich in der ganzen Zeit gegönnt hat, bestand darin, einmal in der Woche, immer am Freitagabend, ein Bier in der Wildnis zu trinken.

Er hat einiges angespart. Doch um in Rente zu gehen, reicht es immer noch nicht ganz, auch wenn er inzwischen fast 400 000 Euro auf der hohen Kante hat. Jedenfalls nicht, wenn er in Reichweite Berlins bleiben will. Ganz will er auf die Stadt noch nicht verzichten, auch wenn mit dem Verzicht alle Probleme gelöst wären.

Man muss nur mal bei Immoscout oder ähnlichen Portalen nachsehen, und wird erstaunt feststellen, wie billig man in Deutschland noch ein Eigenheim erwerben kann. Sofern es sich, das ist der Pferdefuß, irgendwo in der Pampa befindet. Sobald man ein kleines Grundstück besitzt und als Gärtner das Talent zum Selbstversorger hat, braucht man nur noch wenig Geld zum Überleben. Das ist schon wahr. Dennoch würde es niemandem hier einfallen, Thilo in irgendeiner Weise zu beneiden. Um es krass zu sagen: Die meisten hier halten ihn für einen Idioten, der die Fülle des Lebens verschmäht und die schönsten Jahre seines Daseins verplempert, für eine sehr sehr eventuelle Sorgenfreiheit im Alter. Natürlich hat Thilo keine Freundin. Viel zu hoher Kostenfaktor. Er sieht auch nicht aus wie jemand, für den Sex eine große Rolle spielt. Und was, wenn, Gott behüte, ihn im nächsten Jahr eine tödliche Krankheit befällt, was ist dann? Jeder fragt sich das, aber nur Manni hat den Mut, Thilo zu fragen.

»Sachma, Thilo, falls dich im nächsten Jahr eine tödliche Krankheit befällt, wer erbt dann deine Kohle?«

Thilo sah ihn sehr erschrocken an, als habe er einen solch perfiden Gedanken noch nie erwogen und sei von der Frage völlig überwältigt.

Anscheinend bin ich der Einzige hier, dem er je von seinem Sohn erzählt hat.

»Hmm ... Wenn ich jetzt sage, ich hinterlasse es der Wildnis, bringt ihr mich bestimmt um die Ecke, oder?«

»Kannste drauf wetten, Thilo.«

»Naja, ich weiß doch genau, was ihr über mich denkt. Ich seh's an euren Blicken. Selbst wenn ich stehe und ihr sitzt, schaut ihr auf mich herab. Aber eines sag ich euch: Ihr alle werdet nie wissen, niemals, in eurem ganzen Leben werdet ihr nicht die geringste Ahnung davon haben, was ein Festtag ist und wie ein Bier schmeckt, das das einzige der Woche sein und bleiben wird. Never ever! «

Das hat uns doch ein wenig beeindruckt. Also nicht viel und nicht lang. Aber wir wussten durchaus, was er meinte. So was wie den Moment, als Iwan Denissowitsch sich im sibirischen Straflager eine selbstgebastelte Zigarette anzündet. Die Stelle hat mich als Jugendlichen so sehr beeindruckt, dass ich sie bis heute nicht vergessen habe. Ein kurzer, stiller Moment des Glücks in eisiger Grausamkeit. Aber deswegen freiwillig das Leben eines Verbannten führen? Bullshit. Man wird ja auch nicht Mönch, damit es sich besser anfühlt, wenn man einmal im Monat onaniert. Man wird Mönch – keine Ahnung warum, aber deswegen sicher nicht.

Erziehungsmaßnahmen

Neulich unterhielt sich Sushi mit Gecko am Tresen.

Sushi sieht, mancher Leser erinnert sich vielleicht, ein wenig aus wie früher die Cindy aus Marzahn, nur dass sie die Haare zurzeit schwarzgefärbt hat, aus Solidarität mit allen missbrauchten Frauen weltweit, und Gecko ist eine recht füllige Frau mit braunen Dreadlocks und weißen Sandalen. Beides an sich einzigartige, eingesessene und weithin respektierte Exemplare des sogenannten gemeinen Tresenmenschen, aber seit *MeToo* ein wenig, sagen wir: leidenschaftlich bei der Sache. Auch hier in der Kneipe schaukeln sich die Emotionen hoch zwischen enthusiastischen Befürwortern und nörgelnden Skeptikern. Ein Graben ist entstanden, dabei, denke ich, kann man doch ganz gut für Angstfreiheit am Arbeitsplatz sein und sich dennoch vor einem neuen Puritanismus fürchten.

»Heute in der U-Bahn hat mich einer angeglotzt.« Sagte Gecko, die Sandalen, glaub ich, nur deshalb trägt, damit sie sich nie die Zehennägel schneiden muss.

»Wat'n Scheiß? Auch angelabert?«

»Soweit käm's noch, nee, angeglotzt hat er mich. So'n junger Dunkler, mit gierigen Augen.«

»So richtig frech?«

»Nee, nich mal. Eher so verstohlen.«

Wir Backgammonspieler konnten jedes Wort laut und deutlich vernehmen, und bald taten wir nur noch so, als ob wir über den nächsten Zug nachdenken würden, und hörten fasziniert zu. Manni spülte grad Gläser und hielt mit dem Abtrocknen inne, um nur ja kein Geräusch zu verursachen.

»Ach, *verstohlen*? Das is ja hinterlistig.«

»Ja, glotzt die ganze Zeit und steht dann nicht mal dazu, tut grad so, als würd er was ganz anderes angestarrt haben.«

»Und? Hast ihm die Meinung gegeigt?«

»Nee. Konnt ick ja nich. Konnt ihm ja nüscht beweisen. Ick sach dir, det is voll demütijend an der Situation. Kommste dir voll ohnmächtig vor. Bin doch keene Litfasssäule!«

»Na, die Kerle glauben halt, sie haben nen Freifahrtschein und können kucken, wiese wollen. Nennen's dann ›bewundern‹, dabei ist es wie am ganzen Körper anfassen, nur ebend mitte Augen statt mit'n Fingern. Das müsste man mal als neuen Straftatbestand einführen.«

»Aber wie willste sowat'n jemals beweisen?«

»Muss die Beweislast halt umgekehrt werden. Und wennde jetze sachst, das wär ungerecht – na dann isses halt'n büsch'n ungerecht. Dann liegt der schwarze Peter mal zum Unterschied bei'n Kerlen. Die sollen ruhig büschn Angst bekommen.«

»In Frankreich, hab ich gehört, da fordern die Frauen drei Jahre Gefängnis für jeden, der sich in der U-Bahn an einer Frau reibt, ob mit Absicht oder nicht.«

»Find ich voll richtig. Drei Jahre sind die richtige Erziehungsmaßnahme. Das kann man verkraften.«

An dieser Stelle wendete sich Zwerg Johann – wer sonst hätte die Eier gehabt? – um und sagte: »Mädels, soll ich euch zweien was beichten?«

»Watt'n, Johann Ohneland?«

»Ich, und ich glaube, auch die anderen hier – haben euch die ganze Zeit zugehört.«

»Ja und?«

»Das is wie am ganzen Körper anfassen, nur mitte Ohren. Das war praktisch'n akustischer Gangbang.«

»Mann, verzieh dich, Zwerg, jetzt willste wieder alles relativieren und uns lächerlich machen, klar, kenn ick.«

Johann legt bei so was gern nach. »Sag mal, Gecko, was glaubst du, warum der Typ in der S-Bahn dich angeglotzt hat?«

»Wie meinste das denn jetze? Wollen doch alle dasselbe.«

Johann manövriert seinen Rollstuhl, fährt direkt zu ihr hin und verändert seinen Tonfall, klingt plötzlich wie ein Arzt, der eine bedenkliche Diagnose mitteilen muss.

»Mensch, Gecko, du horniges Tier. Ohne dich verletzen zu wollen: So toll siehst du doch gar nicht aus. Vielleicht hat er dich angestarrt und gedacht: Mensch, ist *das* ne hässliche Frau, so was Hässliches hab ich im Leben noch nie gesehn.«

»Na dann muss er erst recht in Knast, aba sofort und Einzelzelle und für immer! Deckel druff und Schlüssel in Fluss!«

Geht manchmal ruppig zu in der Wildnis. Zum Schluss lacht man sich wieder zusammen.

Der Tod

Gestern war, selten genug, aber zuweilen kommt es vor, der Tod ein Thema in der Wildnis.

Stephen Hawking war am Tag zuvor, im Alter von sechsundsiebzig Jahren, gestorben. Jeder kennt diesen Astrophysiker, selbst wenn er keine Ahnung von schwarzen Löchern hat und kaum die vier Grundrechenarten beherrscht. Hawking wurde früh schon zur Ikone, indem er einem fiesen Schicksal lange, unglaublich lange die Stirn bot und dem Tod ein Schnippchen schlug. Die Ärzte gaben ihm, nachdem die Muskelschwächeerkrankung Anfang der sechziger Jahre ausbrach, nicht mehr sehr viel Zeit, eher Monate als Jahre. Doch Hawking gelang es, Kinder zu zeugen, ein intellektuell relevantes Leben zu führen und die Kommunikation mit der Umwelt bis zuletzt aufrechtzuerhalten. Er hat in der Kosmologie bahnbrechende Entdeckungen gemacht, wurde in der ganzen Welt populär, war eine der wenigen Persönlichkeiten, die es zu mehreren Gastauftritten bei den *Simpsons* brachte. Filme wurden über ihn gedreht, und er lebte fort, forschte weiter, wirkte irgendwann beinahe unsterblich. In regelmäßigen Abständen zur Lage des Universums befragt, äußerte er dies und das, auch manches, das vielleicht, ab einem gewissen Zeitpunkt, nicht mehr so wahnsinnig ernst genommen werden musste. Aber weil es eben von Stephen Hawking kam, wurde dem große Aufmerksamkeit geschenkt. Über die Jahrzehnte hatte man sich an sein von der Krankheit zur Fratze verzerrtes Gesicht nicht nur gewöhnt, man empfand es sogar – auf hintergründige Weise – als schön. Denn es stellte nichts anderes dar, als ein Symbol des Aufbäumens, des unbedingten Lebenswillens. Und da war ja auch noch dieser entzückend menschliche Zug in ihm – er machte wenig Hehl daraus, dass er sich ab und an in einem Striplokal an schönen nackten Frauen ergötzte, obwohl er unterhalb des Halses praktisch stillgelegt war. Gefragt, welches Rätsel im Universum ihn am meisten beschäftigen würde, gab er zur Antwort: »Frauen. Sie sind ein komplettes Mysterium.«

Ich bin mir ziemlich sicher, dass es in den letzten hundert Jahren sehr viele Physiker gegeben hat, die ebenso viel oder vielleicht sogar noch weit mehr geleistet haben als Stephen Hawking, die jedoch kein Hundertstel seiner Popularität erreichen konnten.

Aber das geht in Ordnung. Sah man Stephen Hawking an, wurde man sich immer wieder bewusst, welches Privileg es darstellt, aufrecht auf zwei Beinen gehen und vernehmlich sprechen zu können. Von vielem anderen ganz abgesehen.

Johann, unser Progeriekranker im Rollstuhl, wurde niemals müde zu betonen, welch wichtiges Vorbild ihm Hawking einst gewesen sei, welchen Willen und Trotz er dank dessen Charme und Humor entwickelt habe. Hawkings Entdeckungen seien womöglich gar nicht so wichtig, jedenfalls nicht annähernd so wichtig wie der Umstand, dass noch nie in der Geschichte der Menschheit ein so jämmerlich geschundener Körper, ein Häufchen beinahe besiegtes, sabberndes Fleisch, in dem nur noch der Kopf Widerstand leiste, weltweit soviel Respekt genossen habe.

Die Ikone Hawking werde noch viele Jahrhunderte lang für den Triumph des Geistes über den Körper stehen, für den Beweis, dass eine *mens sana* eben keines *corpore sano* bedürfe.

»Johann, du hast doch nicht etwa Latein gehabt in der Schule?«

Sofort, wie immer, wenn etwas nach Bildung riecht, wurde gefrotzelt, doch Johann, in seiner unvergleichlichen Art, schmetterte das gewitzt ab. Als wenig mobiler Rollifahrer, behauptete er, sei er von Fremdsprachen selbstverständlich befreit gewesen, sein Abitur habe er in Sport gemacht.

Manni läutete die Glocke und rief: »Pax vobiscum! Lokalrunde!«

So kam es, dass gestern in der Wildnis alle, die grade da waren, ihr Glas erhoben und nach einer Minute stillen Gedenkens auf den verstorbenen Stephen Hawking tranken. Das war ein wirklich ergreifender Moment.

Die Streichelzookiller

Gestern hat die Stammkundschaft der Wildnis einen Pick-nickausflug unternommen. Das ist seit einigen Jahren so üblich geworden, nicht an einem festgelegten Datum, sondern dann, wenn der Frühling endlich und endgültig die Oberhand gewonnen hat und die Menschen sich über den ersten Zitronenfalter freuen.

Letztes Mal ging es aufs Tempelhofer Feld, diesmal war die Hasenheide dran. Wir breiteten Decken aus, jeder hatte was mitgebracht, Nudelsalate, Stullen, Kuchen etcetera, und Manni karrte Freigetränke heran, Bier, Wasser und Kaffee. Das Ganze begann so gegen zwei und sollte bis zum Abend dauern, ein gemütliches, zwangloses Beisammensein. Mehr als zwei Dutzend Leute waren gekommen.

Ich fand es schön zu sehen, wie die Frühlingssonne die Leute friedlich werden lässt, auch ein wenig demütig, als würden sie sich zumindest an diesem Tag im Jahr vollauf bewusst, welches Glück und Privileg es darstellt, am Leben zu sein, in Friedens- und Wohlstandszeiten, als weißer, gesunder und nicht völlig bekloppter Bürger Europas. Doch sofort ging eine Debatte los. Das mit dem Wohlstand sei doch sehr relativ, viele hier lebten von Hartz IV, einige seien sehr wohl bekloppt, was ich mir denn erlaube, so pauschal von allgemeinem Wohlstand zu quatschen undsoweiter. Und was sei mit den beiden Arschrumänen vom Streichelzoo? Die seien doch auch Bürger Europas. Es folgten erregte Wortwechsel.

Jetzt wird manch einer fragen, wer denn mit den beiden Arschrumänen gemeint ist. Dazu muss man erklären, dass es in der Berliner Hasenheide, einem der größten Parks der Stadt, einen beschaulichen Streichelzoo gibt, mit Eseln, Lamas, Pfauen, Schafen, Hühnern, Gänsen und, bis vor Kurzem noch, einer Ziege. Der Eintritt ist gratis, die Kinder erfreuen sich dran.

Nun haben vor ein paar Monaten zwei angetrunkene rumänische Hilfsarbeiter im Schutz der Nacht die Ziege Lilly entwendet und mit einem Messer getötet, haben ihr dann ein Bein abgeschnitten, weil sie, so rechtfertigten sie sich vor Gericht, Hunger gehabt hätten. Dabei wurden sie in flagranti erwischt und festgenommen. Vorgestern wurde über die beiden das erstinstanzliche Urteil verhängt, neun beziehungsweise zehn Monate Gefängnis ohne Bewährung, die Sache war tags darauf Schlagzeile in sämtlichen Berliner Boulevardblättern:

KNAST FÜR DIE STREICHELZOOKILLER (BZ)

Lillys Tötung, behaupteten die Angeklagten, sei sachgerecht und schmerzlos erfolgt, wie überdies Tiere nun mal eine Sache seien, folglich sei eine Geldstrafe das Äußerste, was als Strafmaß infrage komme. Die Verteidiger haben prompt eine Revision angekündigt.

Ich habe noch nie erlebt, wie zu ein und demselben Thema so viele Meinungen möglich sind, das war absolut faszinierend. Gabi und Sonja sprachen von Rassismus. Weshalb es überhaupt nötig gewesen sei, die Nationalität der Rumänen zu erwähnen? Das schüre doch nur Vorurteile. Lina meinte lapidar, die beiden hätten halt Hunger gehabt. Ihr wurde geantwortet, niemand müsse hungern in dieser Stadt, ein paar Schrippen könne man sich immer zusammenbetteln, überdies hätten sie Geld genug für Bier besessen. An so einem Ziegenbein sei kaum Fleisch dran, sagte Rudi, die Tat sei sicher satanistisch begründet gewesen.

Strafe ja, aber Gefängnis sei zu viel, meinte Ahmed. Die Jungs kämen da sicher nicht als bessere Menschen wieder raus. Aber mit mehr Respekt vor dem Gesetz!, rief Gecko. Und vor dem Tier an sich!, fügte Agnes Consuela hinzu.

Im Grunde, sagte Johann, sei das eine Lappalie gewesen. Millionen von Tieren stürben jeden Tag in den Schlachthöfen, und ob Lilly mehr als die gelitten habe, könne man den Beklagten nicht nachweisen. Rumänische Einbruchsbanden zögen durchs Land. Deswegen habe das Gericht populistisch geurteilt. Die Arschrumänen seien quasi Sündenböcke. Pragmatisch wäre gewesen, die Sache wegen Geringfügigkeit einzustellen und dem deutschen Steuerzahler die Prozess- und Haftkosten zu ersparen. Andere wie Almuth und Olga forderten Rache für Lilly und waren empört über die Dreistigkeit der Angeklagten, sich auch noch mit einer sachgerechten Schlachtung zu brüsten. Rumpel hingegen betonte, die beiden noch jungen EU-Bürger (so!) seien zuerst und vor allem anderen – betrunken gewesen – und wer von uns habe nicht schon mal im Suff über die Stränge geschlagen?

Ach, ich liebe dieses Sammelsurium aus der Wundertüte Mensch. Nicht jeden einzelnen gleichermaßen, aber für das große Mosaik möchte ich doch keinen missen.

Zum Thema Streichelzookiller war wirklich jede denkbare Haltung vorhanden, jedes Plädoyer, vom Freispruch bis zur öffentlichen Hinrichtung. Faszinierend. Und erschreckend zugleich.

Zum Schluss tranken wir ein Glas auf Lilly im Ziegenhimmel. Was soll man sonst schon tun?

Das Terrain unter dem schwarzen Teppich

Letzte Woche kam es in Berlin zur Demo gegen Antisemitismus. Man war aufgefordert, aus Solidarität Kippa zu tragen, um ein Zeichen zu setzen.

Tausende waren in Schick-Charlottenburg unterwegs, aber am herben Hermannplatz hat es weniger geklappt, da fanden sich gerade mal drei (!) Demonstranten ein. Die wurden prompt beschimpft, bedroht, ihre Israel-Fahne wurde ihnen geklaut, und weil die Situation zu eskalieren drohte, wurde die Demonstration nach fünfzehn Minuten abgebrochen.

Das war so beschämend wie vorhersehbar. Wer am Hermannplatz mit Kippa flaniert, muss echt mutig sein, um es mal euphemistisch auszudrücken. Vielleicht war der Vorfall notwendig, um zu zeigen, wie es in der Realität Neuköllns aussieht. Um daraus die konsequenten Schlüsse zu ziehen. Aber welche sollten das genau sein? Darüber wurde in der Wildnis diskutiert und recht heftig, die Emotionen kochten schnell hoch. Da gab es die Stimmen, die null Toleranz forderten, also höhere Haftstrafen für antisemitisch motivierte Straftaten. Dann gab es Gegenstimmen, die meinten, man könne doch ein Strafmaß nicht nach Religionszugehörigkeit staffeln, das würde bedeuten, eine Hierarchie der Religionen zu erstellen und Judenfeinden neue Argumente zu liefern. Wieder andere entgegneten, dass aufgrund der deutschen Geschichte der Schutz der Juden im Land oberste Priorität haben müsse. Und dann gab es diejenigen, die die Religionen als solche als Quell allen Übels verdammten und laut bedauerten, dass prinzipielle Religionskritik heutzutage nicht mehr im Programm der Aufklärung stehe. In der Wildnis pflegt man traditionell ein eher gelassenes Verhältnis zum arabischen Mitbürger, man kommt sich ja auch kaum in die Quere. In der Stammklientel unserer Kneipe findet sich weder ein Araber noch ein Jude, soweit es mir bekannt ist. Wenn es doch einen gibt, dann behält er seinen Glauben jedenfalls lieber mal für sich. Bei allem Disput war man sich in einem Punkt einig: Es darf nicht sein, dass Deutschland und insbesondere das sonst so liberale Berlin zu einem für Juden ungemütlichen oder gar bedrohlichen Ort wird. Wenn es Probleme gibt, müssen sie deutlich angesprochen werden, und auf keinen Fall darf man dieses so heikle Minenfeld den Rechten und Populisten überlassen. Aber was folgt daraus?

Keiner wusste eine Antwort, zumindest keine, die mit dem Grundgesetz zu vereinbaren wäre. Es machte sich eine gewisse gedankliche Hilflosigkeit breit in der Wildnis, gefolgt von einer recht trübsinnigen Stimmung und etlichen Kassandra-Rufen.

Erstaunlicherweise aber fanden sehr viele die Aufregung um die Verleihung des *Echo* an geistig eher unterkomplexe Battle-Rapper völlig überzogen und eindeutig kontraproduktiv. Die beiden Musiker, Namen spielen hier keine Rolle, hatten unter anderem ihren Körper »definierter als von Auschwitzinsassen« genannt. Das sei zwar ekelhaft, aber nicht strafrechtlich relevant. Das Ganze habe sich zu einer gigantischen Werbeaktion für zwei Musiker ausgewachsen, auf deren Agenda ohnehin geschmacklose Provokation und Grenzüberschreitung stünden. Man sei diesen Typen nicht nur auf den Leim gegangen, man habe sogar einen roten Teppich vor ihnen ausgerollt. Deren Klientel bestehe nun einmal aus unbelehrbaren Dumpfbacken oder geistig noch sehr schwabbligen Jugendlichen, die geradezu hochnotgeil seien auf Tabubruch und Skandal.

Hätte man demnach die ethische Peinlichkeit dieser *Echo*-Verleihung mit zusammengebissenen Zähnen stillschweigend unter den schwarzen Teppich kehren müssen? Alles gegeneinander abgewogen, sage ich: Ja, hätte man sollen. Doch das ist vorbei. Das Terrain unter dem schwarzen Teppich gibt es nicht mehr, die Idee des Pragmatismus ist kaum noch praktikabel. Über was immer man sich empören kann, darüber empört man sich mit größtmöglicher Wucht bis hin zur Hysterie. Das ist ein zweischneidiges Schwert, denn Rituale schleifen das Interesse ab, mancher Pranger wird zur Bühne, und manches Insekt zum Elefanten. Aber wenn ein Kippa-Träger bei Tageslicht in einem sozial privilegierten Stadtteil angegriffen und geschlagen wird, dann ist die ganz große Alarmglocke angesagt? Fuck, natürlich! Selbst wenn der Angreifer ein Jugendlicher war? Ja, dann erst recht. Ganz klar.

Philosophen

Neulich war wieder einmal der alte Siegfried zu Gast und philosophierte mit sich selbst. Dabei gelingen ihm regelmäßig Sätze, oder sagen wir: Gedankengänge, von sagenhafter Länge. Zum Beispiel den hier: »Wenn du durch die Straßen gehst und ein Kind siehst und du dich fragst, ob du, hättest du die Möglichkeit, den *Switch* vollführen würdest, nach dem du das Kind, das Kind aber du wärst, wenn du also gute fünfzig Jahre länger leben könntest, dafür aber alles bisherige loslassen und noch mal ganz von vorn anfangen müsstest, wenn du dies ernsthaft für dich in Erwägung ziehst, dann muss dein Leben schon richtig mies gelaufen sein.«

»Was du dir immer für krude Gedanken machst«, meinte anerkennend Sophie, unsere ehemalige Collagenkünstlerin, die sich jetzt vom Arbeitsamt zur Floristin umschulen lässt.

Almuth war wie so oft grundsätzlich anderer Meinung. Es sei doch toll, alle paar Jahrzehnte Ballast abzuwerfen, sich völlig neu zu erfinden, wieder bei null anfangen, da könne es, praktisch gesehen, nur nach oben gehen.

»Was ihr euch immer für krude Gedanken macht«, meinte anerkennend Sophie.

»Nee, nee«, fuhr Siegfried fort. »Man muss schon mal an den Punkt gelangen im Leben, wo man stolz sein kann auf die Dinge, die man erreicht hat, auf die Freundschaften, die man geschlossen, die Frauen, die man geliebt hat, um dann beruhigt und würdevoll abzutreten. Ohne noch mal krampfhaft was Neues beginnen zu wollen, beginnen zu müssen.«

»Was würde denn eigentlich mit dem Kind passieren?«, fragte Sophie. »Muss das dann für den Rest seines Lebens mit dem Gehirn eines alten Mannes herumlaufen?«

»Das wäre doch toll«, mischte sich nun Olga ein, »noch mal ganz jung zu sein, aber mit all der Erfahrung und der geistigen Reife eines langen Lebens, das wäre doch geradezu ideal.«

Almuth entgegnete boshaft, dass ein langes Leben nicht unbedingt Garant für Weisheit und Reife sein müsse, wie man am Beispiel Sigis sehen könne. Außerdem gehörten zu einem erfüllten Leben eben auch die Naivität und der Leichtsinn, die Zeit des Ausprobierens und der Fehler, die Zeit des Erforschens und der Abenteurer. Sie habe keine Zweifel daran, dass es bald eine Zukunft geben werde, in der man Kindern beliebig viel Wissen per Chip ins Gehirn transplantieren könne, sodass ein Kind zum Beispiel nicht mehr mühsam Klavier spielen lernen muss und von Anfang an die Tabelle der chemischen Elemente auswendig kann. Das werde eine Zeit von altklugen kleinen Monstern werden.

»Nein, im Gegenteil«, behauptete Lina, »Wenn jeder alles kann, ist das doch toll und superdemokratisch, und wenn jeder ein Instrument toll beherrscht, kann überall spontan Musik gemacht werden, keiner ist mehr vom Kreativprozess ausgeschlossen. Ich fänd das super.«

»Natürlich wäre das alles andere als super. Wenn jeder Mensch die gleichen Fähigkeiten besäße, wär das total öde. Wir sind ja doch alle Wettbewerbsteilnehmer, haben Ambitionen und träumen davon, uns durch etwas Besonderes auszuzeichnen.«

Also sprach Manni, der Wirt.

»Ich bin kein Wettbewerbsteilnehmer«, entgegnete Sophie. »Ich war noch nie was Besonderes, und ich würde gerne so viel können wie möglich, ohne mich dafür abplagen zu müssen. Dieser ganze Wettbewerbskram ist doch eher so'n Männerding, das läuft eh nicht mehr lang.«

»Wie meinst du das – das läuft nicht mehr lang? Das Männerding?«

»Genau. Frauen an die Macht!«, sagte Lina, aber ganz schüchtern und leise, das war richtig süß.

»Der Spruch ist im Grunde«, sagte Manni, »genauso doof und arrogant wie ›Frauen an den Herd‹.«

»Wieso?«

»Na, er befiehlt Frauen irgendwohin, egal, ob die da hinwollen oder nicht.«

»Was ist denn das für'n Scheißvergleich?« Olga wurde aufbrausend und wandte sich zu mir um. »Das ist Wort-im-Mund-Verdrehung, Helmut, wie heißt das, was ich meine?«

»Rabulistik?«

»Kann sein.«

Der Texaner

Heute kam ein Texaner in die Wildnis. Er nannte sich George und sah kurz bei unserer Backgammon-Chouette zu.

Chouette ist das einzige französische Wort, das es ins Backgammon-Vokabular geschafft hat. Es meint: Mehrere Spieler spielen an einem Brett. Einer, der in der Box, solo gegen alle anderen, die durch einen Captain vertreten werden. Gewinnt der Solospieler, bleibt er weiter in der Box. Gewinnt der Captain, wird er zum Solospieler, und der Verlierer reiht sich in die Warteschlange. Wenn man in der Box ist, kann man schnell viel Geld gewinnen. Und verlieren.

Jeder will in die Box. Um viel Geld zu gewinnen. Fast alle Backgammonspieler halten sich für gute Spieler. Wenn man herumfragt, wer über die Jahre finanziell im Plus ist, sagen alle »Ich«. Ähnlich gerecht ist auf Erden nur der Verstand verteilt.

Und dann war da George, der Texaner, der unbedingt mitspielen wollte. Unser Einsatz betrug moderate zwei Euro pro Punkt, und das ist bereits ein recht hoher Tarif. Es gibt in der Wildnis etliche Einkommensschwächere, die das Risiko für sich lieber überschaubar halten wollen.

George fand das lächerlich. Er zog ein dickes Bündel Geldscheine hervor. Dollars, Euro, Pfund, ein bisschen so wie einst Boris Becker, der in den Neunzigern ein paar von uns ganz gut ernährt hat. George trug trotz der Hitze ein Sakko, dazu eine kurze, etwas verschlissene Jeans und Sandalen. Sein Angebot lautete, wer immer Lust habe, könne gegen ihn um zwanzig Euro pro Punkt spielen. Klang nach Angeber und Provokateur, aber ein bisschen neugierig waren wir jetzt schon geworden. George sah schließlich nicht aus wie irgendein gemeingefährlicher Russe mit Mafiahintergrund, eher soft und blass, mit runder Brille, Koteletten und halslangem Haar. Noch keine dreißig Jahre alt.

Müdervater biss an und erklärte sich zu ein paar Partien bereit. Wir sahen zu.

Der Texaner spielte nicht schlecht, auch wenn er diverse eher unseriöse Sonderregeln einführen wollte, wie die, dass sich der Einsatz automatisch verdoppelt, wenn beide Spieler zu Beginn dieselbe Zahl würfeln. Es ging ihm offensichtlich darum, den Einsatz mit allen Mitteln nach oben zu treiben.

Nach sechs Partien stand es zwischen George und Müdervater 3:3, in Geld gerechnet also 0:0, und niemand hatte irgendwas davon gehabt.

Dann kam die siebte Partie, und die hatte es in sich. Müdervater geriet rasch in Vorteil und drehte den Dopplerwürfel, George akzeptierte die Wette. Doch das Spielglück wendete sich, George gab alsbald die Vier zurück. Was bedeutet, der Einsatz hatte sich vervierfacht, und es ging nun schon um achtzig Euro.

Müdervater überlegte lange und entschied sich für ein TAKE, was meint, er gab nicht auf und spielte weiter. Schließlich kam es zu einem reinen, kontaktlosen Rennen, in dem Müdervater zwanzig Pips hinten lag. Das ist eine enorme Menge und wird selten aufgeholt. Es ist vergleichbar mit einem Hundertmeterlauf, in dem der eine Läufer nur neunzig Meter rennen muss.

Doch Müdervater warf einen Sechserpasch. Und noch einen. Und einen Viererpasch hinterher. Dann drehte er den Dopplerwürfel auf die Acht.

George wirkte völlig konsterniert, begann zu lamentieren, zu fluchen, vollführte alle Arten enttäuschten Gestikulierens, er stand auf, fuchtelte mit den Armen, untersuchte die Präzisionswürfel, mochte an einen Zufall nicht glauben. An sich ist das eine Unterstellung, ja beinahe schon eine Beleidigung. Er bestand darauf, zwei Paar neuer Würfel zu nehmen, die er wiederum peinlich genau untersuchte. George lag nun seinerseits im Rennen mit acht Pips hinten, was bei noch zu werfenden sechzig Pips des Führenden eigentlich bedeutet, dass er die neuerliche Wette hätte lieber passen und das Handtuch werfen müssen. Tat er aber nicht. Und als Müdervater Mäxchen warf (2–1), den niedrigsten möglichen Wurf, schien sich das Blatt erneut spektakulär zu wenden. Inzwischen wurde das Board von einer ganzen Traube aus Kiebitzen umlagert. Letzlich aber brachte Müdervater das Spiel mit einigen Durchschnittswürfen nach Hause. Danach begann das Theater. Vielleicht ist Theater das falsche Wort, denn im Grunde passierte, rein äußerlich gesehen, nicht viel. George stand auf, legte fünf Euro auf den Tisch, womit er seine große Fanta bezahlte, und ging, ohne mit irgendwem noch ein weiteres Wort zu wechseln, zur Tür. Boah.

Es gibt in Deutschland kein Gesetz, das uns ermöglicht hätte, ihn aufzuhalten. Spielschulden sind nicht einklagbar, und wir Backgammonspieler aus der Wildnis gehören nicht zu jenen rigiden Typen, die sich dem Flüchtenden entgegenstellen oder ihn aufzuhalten versuchen.

»Was für ein erbärmlicher Wicht!«, meinte Müdervater und schüttelte erbost den Kopf.

Immerhin hatte er kein Geld eingebüßt, de facto war nicht arg viel los, wir konnten zur Tagesordnung übergehen. Wohl in jedem Fall die beste Art, mit so etwas umzugehen.

Aber es wurde noch eine Weile darüber diskutiert, wie leicht man es in der Welt haben kann, wenn man dreist ist. Man zockt einfach um einen hohen Einsatz, kassiert, wenn es gut läuft, haut andernfalls ab. Siehe Parallelen in Politik und Wirtschaft.

Dann erweiterte sich die Debatte um einen neuen, delikaten Gesichtspunkt. Nämlich den, dass aller Empirik nach ein solches Fehlverhalten unter deutschen Spielern weit seltener vorkomme als etwa bei Südländern. Heikles Terrain, aber wenn man in der Wildnis nicht darüber reden kann, wo sonst?

Jeder weiß, dass Sportlichkeit je nach Nation und Klimaregion anders ausgelegt wird. Viele Italiener zum Beispiel, egal in welcher Sportart, würden es als unterlassene Chance ansehen, auf irgendeinen formal erlaubten Trick zu verzichten, sei er auch noch so fragwürdig und stillos. So sind sie 2006 Fußballweltmeister geworden, in einem Turnier, in dem sie eigentlich schon in der Vorrunde hätten ausscheiden müssen. Bei anderen Völkern ist das geschickte Mogeln Teil der Spielkultur. Die Griechen würfeln mit der Hand, ohne Würfelbecher, und lassen so ganz bewusst der Manipulation eine Türbreit offen. Geschicktes Würfeln gilt dort als zu preisende Fertigkeit.

Bei Deutschen oder Engländern hingegen gab und gibt es teilweise immer noch die Leitidee vom Fair Play sowie letzte Relikte der uralten Begriffe *Ehre* und *Ritterlichkeit*. Klingt verzopft, wie tiefstes 19. Jahrhundert. *Spielschulden sind Ehrenschulden*. So lautete einst einer der Kernsätze typisch deutscher, insbesondere preußischer Erziehung.

Wir redeten noch eine ganze Stunde darüber. Ein Aspekt war, dass Ritterlichkeit, die per se etwas Begrüßenswertes sein muss, kaum noch Teil irgendeines abendländischen

Erziehungsprogrammes sein dürfte. Ritterlichkeit, sagte Rolle, bedeute im Endeffekt, oft der Beschissene zu sein und die zweite Wange hinzuhalten. Wobei der Kapitalismus uns seit etlichen Jahrzehnten eintrichtert, dass alles besser sei, als beschissen zu werden.

Tja.

Soll man zum Mitmenschen Vertrauen haben und Gentleman bleiben, oder gilt es, sich einer unehrenhaften Welt anzupassen? Soll man, wie es hier und da heutzutage geschieht, eine Renaissance des Wertekanons fordern, oder muss man sich utopiefrei mit dem Faktischen arrangieren beziehungsweise zufriedengeben?

Es existieren immer gangbare Mittelwege, zum Beispiel hätten wir die auf dem Spiel stehende Kohle sofort von einem neutralen Beobachter einkassieren und danach dem Sieger ausbezahlen können. Wir waren eben unvorsichtig gewesen, andere hätten gesagt: dumm. Und wer will schon als dumm dastehen?

Doch vermeintliche Dummheit kann sich, von höherer Warte besehen, als sehr weise herausstellen. Mal ehrlich: Wie oft im Leben kommt so was wie heute schon vor? Zwei-, dreimal vielleicht. Höchstens.

Soll man deswegen wirklich jedes Mal Stress machen und ein paragrafenreiches Regelwerk aufstellen, für jeden Fall der Fälle? Das wäre bestimmt kein gutes Intro für einen entspannten, lustigen Abend.

Später gingen wir ins Netz und haben alle Backgammon-Buddies in Deutschland vor einem Texaner namens George gewarnt. Aber wahrscheinlich nennt er sich bei künftigen Gelegenheiten John oder Paul oder Ringo und lacht uns aus. Rudi meinte um kurz vor Mitternacht, dass wir George nicht einfach hätten gehen lassen dürfen, wir seien zehn gegen einen gewesen – und im Recht.

Jegliche Gewaltanwendung hätte er uns auch erstmal beweisen müssen.

»Rudi, lass stecken!«, sagte Manni, »hier gibt es keine Gewalt, klar? Ich wisch in meinem Lokal kein Blut auf. Und was willst du eigentlich? Dieser George wird sicher nie wieder hier auftauchen. Ein größeres Geschenk kann er uns doch gar nicht machen!«

Ja, so einfach ist das.

Die Hochzeit

Gabi und Sonja haben endlich geheiratet. Warum sie damit so lange gewartet haben, hängt mit der Berliner Bürokratie zusammen. Die wollte, dass sich Gabi und Sonja entscheiden, welche von beiden der männliche und welche der weibliche Teil der Verbindung sei. Das wollten sie aber partout nicht und zogen es vor, zu warten, bis eine geschlechtsneutrale Bezeichnung gefunden sein würde. Das zog und zieht sich aber hin, angeblich soll es Unsummen kosten und Jahre dauern, die behördlichen Computerprogramme upzudaten.

Seltsam, früher am Gymnasium, und das ist schon einige Zeit her, hatte ich Freunde, die so was an einem Nachmittag hinbekamen. Ich will hier nicht so tun, als verstünde ich viel davon, bin mir aber sicher, dass es etwas schneller ginge, wenn man es darauf anlegen würde. Wie auch immer, ich habe Gabi und Sonja geraten, das Ganze mit Humor zu nehmen und, vor allem, als etwas völlig Bedeutungsloses. Doch Gabi ist manchmal etwas schwierig, sie bestand auf ihren Prinzipien. Eine ernste Angelegenheit sei das und Humor daher ganz und gar unangebracht. Sonja hingegen schien eher geneigt, den romantischen Aspekt über den der gerechten Rebellion zu stellen. Was, fragte sie ihre Verlobte, stünde dereinst auf dem Ruhmesblatt der Lesbenbewegung, würde man das Einknicken der Behörde einfach abwarten?

Wäre es nicht signifikanter, die Hochzeit zu vollziehen und der Gesellschaft das Faktum einer gleichgeschlechtlichen Ehe sozusagen einzustanzen? Den gesellschaftlichen Fortschritt durch Taten zu propagieren, durch vollendete Tatsachen zu feiern? Es könne ja auch sein, meinte jemand leicht süffisant, dass der Wind sich alsbald drehe und das heute Mögliche wieder abgeschafft werde.

Schließlich ließ sich Gabi überzeugen, und so wurde doch noch Hochzeit gefeiert. Wer von beiden was war, wurde im Losverfahren entschieden. Gabi zog die rosa Murmel, Sonja die blaue. Später wurde doch noch getauscht.

Auch in der Wildnis sollte gefeiert werden. Doch so richtig kam es nicht dazu.

Gabi bestand nämlich darauf, dass ein paar Leute vom Umtrunk ausgeschlossen sein sollten. Nicht nur die wenigen, die offen mit der AfD sympathisieren, auch jene, die wie Müdervater der FDP nahestehen. Es fehlte nicht viel, und selbst Merkel-Anhänger wären Gabis harschen Prinzipien zum Opfer gefallen. In ihrem Weltbild, um es überspitzt zu sagen, ist alles rechts von der LINKEN, naja, eben rechts, folglich im feindlichen Lager. Gabi meinte, sie habe ein komisches Gefühl, solchen Leuten einen auszugeben, das sei doch wohl normal. Und wenn diese Leute nicht von sich aus den Anstand besäßen, einer von ihr spendierten Lokalrunde fernzubleiben, dann müsse sie eben dezidiert benennen, wen sie nicht dabeihaben wolle. Supernormal sei das.

Manni sprach dann ein heftiges Machtwort. Es komme nicht infrage, dass die zwischenmenschliche Harmonie der Wildnis von politischen Ränkespielen zersetzt werde. Entweder würden alle auf das Brautpaar anstoßen, oder keiner. Eine Kneipe sei schließlich kein Bundestag, wo man nach Fraktionen geordnet sitze, Gabi tue nicht gut daran, ganz individuelle Menschen nach ihrer politischen Couleur zu sortieren, da kämen Dinge zusammen, die nicht zusammengehörten.

»Weißt du was, Manni? Ich hab's gründlich satt, dass mir ältere weiße Männer wie du andauernd erklären, was wo wie läuft und was ich dazu beitragen muss, okay?«

Manni ist so Mitte vierzig, er musste laut lachen.

Die Sache geriet zur Farce mit tragischen Zügen.

Pompös verkündeten Gabi und Sonja – also eigentlich verkündete Gabi, und Sonja nickte gewichtig dazu – dass frau/man in der heutigen Zeit, in jeder denkbaren Lage, mutig und lautstark Position beziehen müsse, weil man/frau sich sonst womöglich schuldig mache, angesichts einer drohenden gesellschaftlichen Repression, angesichts eines europaweiten Erstarkens der Rechten.

Es wurde dann nicht in der Wildnis, sondern in der Hasenheide gefeiert, mit Sekt und Senf und Würstchen – und gesalzenen Maiskolben (ohne Butter, dafür Kokosfett) für die Veganer. Hat man mir erzählt, vielleicht acht, neun Leute waren da, ich nicht.

Ich habe Gabi und Sonja stets gemocht und ihren Kampf um Gleichberechtigung von jeher unterstützt. Doch irgendwann begannen sie mir den Nerv zu rauben.

Es gibt in der Wildnis ein paar Arschlöcher, linke wie rechte, man kann ihnen mit ein wenig Geschick und Taktgefühl leicht aus dem Weg gehen. Ich begriff, wie wichtig es für mich ist, dass ich die Wildnis betreten kann wie ein Refugium, wo ich mich geborgen fühlen kann und vor niemandem Angst haben muss. Es bedeutet nicht, dass ich hier nur unter Freunden bin, iwo. Freund, das ist ein großes Wort. Es genügt schon, dass niemand da ist, den man hasst oder verabscheut.

Wir pfiffen auf die Verbohrten dieser Erde, spielten Backgammon, hatten Spaß und redeten miteinander bis zum Morgengrauen. Manni erwähnte, dass er die Kneipe vielleicht bald verkaufen müsse, das Geschäft gehe schlecht und immer schlechter. Er sei ja jetzt, meinte er, ein älterer Herr und wisse nicht, wie lang er sich diesen Job noch antun könne.

Manchmal sagt er so was, damit wir etwas mehr konsumieren, aber diesmal hatten seine Worte einen überzeugend traurigen Beiklang. Ich stellte mir vor, wie ich eines Abends vor der verrammelten Tür stehen würde und ein Schild läse, auf dem stünde: *Vorläufig geschlossen*.

Dergleichen ist ein paarmal passiert, im alten Graffiti, im Caroussel, im Kleisther, nie war es vorläufig, immer endgültig, und einer von uns, meistens ich, ist dann losgezogen, um der Backgammon-Klientel ein neues passendes Lokal zu suchen. Was auch jeweils gelang, obwohl es ein kleines Abenteuer war, aber immer musste man sich an neue Menschen gewöhnen, an eine neue Bewirtschaftung, eine neue Speisekarte, eine neue Geräuschkulisse. Manchmal, als wir uns eben eingewöhnt hatten, hat ein unzufriedener Wirt uns einfach vor die Tür gesetzt, auch das ist vorgekommen.

Vor ein paar Jahren war ich in Manhattan und habe den dortigen Backgammon-Club besucht. Er befand sich im sechsten Stock eines Hochhauses, bestand aus einer engen Zweizimmerwohnung, bestückt mit Tapeziertischen und Klappstühlen. Getränke entnahm man einem Kühlschrank. Es war der tristeste Ort, den man sich vorstellen kann, frei von jeglicher Aura und Idylle. Der Monatsbeitrag betrug fünfzig Dollar, um die Bezahlung der Miete zu garantieren. Vielleicht blüht Berlin ein ähnliches Schicksal. Meine Buddies tadelten mich prompt als Schwarzseher, als kassandrösen Miesmacher.

»Bei dir«, sagte Johann, »klingt das wie so'ne Geschichte, bei der am Ende alle tot sind.«

»Am Ende sind immer alle tot. Sonst ist es nicht das Ende.«

»So gesehen ...«

In diesem Moment schlug Manni auf den Tisch. Er habe uns, sagte er, jetzt schon ein paar Jahre zugesehen und die Regeln inzwischen einigermaßen kapiert. Ob wir etwas dagegen hätten, wenn er mal mitspiele?

Nein, hatten wir nicht, im Gegenteil.

Berlin bei Wagenbach

Berlin   Eine literarische Einladung

Alle wollen nach Berlin. – Im Krieg zerstört, durch die Mauer zerrissen, Symbol der deutschen Wiedervereinigung. Eine ewige Baustelle, bewohnt von Arabern, Schwaben, Russen, Italienern – und sogar von echten Berlinerinnen, die Hazal heißen und die berühmte Berliner Schnauze spazieren führen.

Herausgegeben von Susanne Schüssler und Linus Guggenberger
SVLTO. 144 Seiten. Rotes Leinen. Fadengeheftet. Mit aufgeklebtem Schildchen

Egon Erwin Kisch   *Im Café Größenwahn*
Berliner Reportagen

Kischs Miniaturen über das Berlin der 1920er Jahre haben die Genauigkeit des Blicks von außen: Wie sieht es aus in einer Stadt, die erst wenige Jahrzehnte zuvor »Reichshauptstadt« wurde, nach einem verlorenen Krieg, der Flucht des Kaisers, in einer ungewohnten Republik?

SVLTO. 144 Seiten. Rotes Leinen. Fadengeheftet. Mit aufgeklebtem Schildchen

Vicki Baum   *Hotel Berlin*   Roman

Ende des Zweiten Weltkriegs in einem Luxus-Hotel in Berlin: Draußen fallen Bomben, drinnen finden Menschen unterschiedlichster Herkunft Zuflucht, darunter eine bekannte Schauspielerin namens Lisa Dorn und der Student Martin Richter, der kurz vor seiner Hinrichtung aus den Fängen der Gestapo fliehen konnte. Während draußen die Welt untergeht, verlieben sich die beiden ineinander ...

Aus dem Amerikanischen von Grete Dupont. WAT 799. 288 Seiten

Berlin – Babylon   Eine deutsche Faszination

Aus »Spree-Athen« wurde um 1900 »Babylon Berlin« – die Begeisterung für das alte Mesopotamien hinterließ in der neuen deutschen Hauptstadt tiefe Spuren. Literarische, politische und wissenschaftliche Texte sowie zahlreiche Bilder dieser Zeit spiegeln die enorme Verführungskraft des Mythos Metropole.

Herausgegeben von Michael Weichenhan und Andrea Polaschegg
WAT 770. 272 Seiten mit vielen Abbildungen

SALTO* bei Wagenbach

Rotes Leinen. Fadengeheftet. Mit aufgeklebtem Schildchen

Franz Kafka *Ein Käfig ging einen Vogel suchen*
Komisches und Groteskes

Lernen Sie den lachenden Kafka kennen! Klaus Wagenbach hat für diesen Band Texte seines Lieblingsschriftstellers zusammengestellt: Erzählungen und kaum bekannte Passagen aus dem Nachlass.

Zusammengestellt von Klaus Wagenbach. 144 Seiten

Hans von Trotha *A Sentimental Journey*
Laurence Sterne in Shandy Hall

Ein Gentleman, ein Buch, eine Reise ... Der Englandkenner Hans von Trotha entführt ins 18. Jahrhundert, als die Perücken gelüftet und die Krägen gelockert werden durften, als man empfindsame Briefe schrieb und ebensolche Romane.

144 Seiten mit Abbildungen

Javier Fernández de Castro
In Erinnerung an einen vorzüglichen Wein Roman

Ein gehörnter Winzer, ein Verleger technischer Fachliteratur, ein Ingenieur, viel Rotwein und noch mehr Kühe: Ein kurzer Roman über eine Männerfreundschaft.

Aus dem Spanischen von Timo Berger. 120 Seiten

Antonio Manzini *Spitzentitel* Roman

Tolstois »Krieg und Frieden« ist überarbeitet worden. Es heißt jetzt nur noch »Frieden«. Der Krieg musste weg. Er hat die Leute beunruhigt. In der Welt unserer Leser gibt es nur Liebe, Zuversicht und Gleichklang. Gewöhnt euch daran! Denn jetzt nehmen wir uns »Anna Karenina« vor ...

Aus dem Italienischen von Antje Peter. 80 Seiten

Rachel Ingalls *Mrs. Calibans Geheimnis* Roman

Das Monster kommt durch die Hintertür. Es liebt Avocados, das Meer und Fernsehen. Und vor allem ist es unverschämt attraktiv. Ein Monster? Nennen wir es einfach Larry.

Aus dem Englischen von Werner Löcher-Lawrence. 144 Seiten

Edith Sitwell *Englische Exzentriker*

Das genial entworfene Bild einer britischen Tugend, die von kontinentalen Beobachtern häufig fassungslos belächelt, in England aber als selbstverständlicher Bestandteil der Alltagskultur geschätzt und seit Jahrhunderten gepflegt wird: der Exzentrik. Sie vereint Aristokraten und Dienstpersonal, Bürger und Künstler, Stadt und Land und die beiden Geschlechter im hemmungslosen Zelebrieren ihrer Individualität.

Aus dem Englischen von Kyra Stromberg. 160 Seiten mit vielen Fotos

Alan Bennett *Die souveräne Leserin* Roman

Die Hunde sind schuld. Beim Spaziergang mit der Queen rennen sie los, um den Bücherbus der Bezirksbibliothek anzukläffen. »Ma'am« ist zu gut erzogen, um sich nicht bei dem Bibliothekar zu entschuldigen, leiht sich aus Höflichkeit ein Buch aus – und kommt auf den Geschmack.

»Not amused« ist hingegen der Privatsekretär der Queen, denn die Queen beginnt, ihre Pflichten zu vernachlässigen, liest nun lieber in ihrer Kutsche, statt der Menge zuzuwinken.

Aus dem Englischen von Ingo Herzke. 120 Seiten

Alan Bennett *Così fan tutte* Eine Geschichte

Mit allen Finessen der Ironie erzählt Bennett die Geschichte eines englischen Middleclass-Ehepaars, das vom Opernbesuch nach Hause kommt und seine Wohnung vollkommen leer vorfindet. Mit dem Verlust der gediegenen Einrichtung beginnt für sie ein neues, weniger weich gepolstertes Leben.

Aus dem Englischen von Brigitte Heinrich. 120 Seiten

Auf Durchreise

Arnold Bennett *Hotel Grand Babylon* Roman

Der Amerikaner Theodore Racksole ist einer der reichsten Männer der Welt, und er fackelt nicht lange. Weil ihm das Benehmen des Oberkellners missfällt, kauft er kurzerhand das Londoner Luxushotel »Grand Babylon« – und gerät in den Sog krimineller Machenschaften.

Ein aberwitziges Lesevergnügen mit eigenwilligen Helden, unerwarteten Wendungen und dem trockenen Humor Arnold Bennetts.

Aus dem Englischen von Renate Orth-Guttmann. WAT 802. 256 Seiten

Christoph Meckel *Der wahre Muftoni* Roman

Angefangen hatte es in einem großen alten Gasthof mit knackenden Dielen. Im Keller, zwischen Fallobst, Zwiebeln und Most, entdeckte sie ihn, den winzigen Kerl, der aus einem Fass geklettert kam und schlecht rasiert war. Sie dachte nicht lange nach, nahm ihn mit, sorglos, diesen kleinen Muftoni. Und über Nacht fing er an zu wachsen, er wurde immer größer und stark.

Noch immer trägt er seine Jeans, die mitwächst und eine richtige »ZAUBERHOSE« ist – ein Griff in die Tasche und alles wird bezahlt: Champagner, italienische Maßanzüge, himmelblaue Seide und hüfthohe Stiefel. Bis die Hose erschöpft ist …

WAT 800. 128 Seiten

Markus Orths *Das Zimmermädchen* Roman

Das intime Portrait einer eigenwilligen jungen Frau, die wissen will, wie den anderen gelingt, was ihr selbst so schwerfällt – das Leben. Eins ist sicher: Nach der Lektüre wird man nie wieder in einem Hotel übernachten, ohne vorher unters Bett zu schauen.

WAT 798. 112 Seiten

Wenn Sie mehr über den Verlag und seine Bücher wissen möchten, schreiben Sie uns eine Postkarte oder elektronische Nachricht (mit Anschrift und E-Mail). Wir informieren Sie dann regelmäßig über unser Programm und unsere Veranstaltungen.
Verlag Klaus Wagenbach Emser Straße 40/41 10719 Berlin
www.wagenbach.de vertrieb@wagenbach.de